Tho.ˢ Cressans. 1807.

Verdun

# LES CONFESSIONS

# D'UN BENÉDICTIN.

*Comp[...] cantu*

*Marie Antoinette*

# LES CONFESSIONS

# D'UN BÉNÉDICTIN

OU

## Les Amours

DE VICTOIRE ET FRANÇOIS,

Par un Religieux Profès de l'Ordre.

## Tome I.

A SAINT-DENIS.

AN XII.

# LES CONFESSIONS

# D'UN BÉNÉDICTIN,

## OU

## LES AMOURS

### DE

## VICTOIRE ET FRANÇOIS.

---

Mon.....-sur-Mer est une petite ville dont la Manche baigne les murs. Rien de plus pittoresque, de plus charmant que les campagnes qui l'environnent. Du haut de ses remparts ombragés de superbes ormes, l'œil se promène çà et là sur de riches collines cultivées, ou sur des prairies animées par les nombreux troupeaux qui y paissent. La perspective vers Hesd... se prolonge presque jusques à cette ville ; et en face, sur l'esplanade des Carmes, on éprouve une sorte de ravissement, en contemplant l'amphithéâtre circulaire, couronné de rians bosquets, qui termine la vallée d'Estrées. En avançant à l'extrémité du clos de Sainte-Austreberthe, la Chartreuse, avec ses cellules ardoisées, varie la scène. Le joli faubourg de Neuville, dont la longue chaussée est toujours couverte de voitures et de voyageurs, respire un air de vie qui fait avantageusement juger de l'activité de ses habitans.

Vers le couchant, est située sur une haute colline la citadelle, peu étendue, mais du plus agréable aspect. Un cordon de galeries domine les casernes, toute la vallée d'Etap..., si riche en paturages, et la mer même. Elle battait jadis le pied des murailles de Mon...; aujourd'hui elle va se perdre à quatre lieues dans les sables. Telle est la puissance des siècles. Les révolutions sur le globe sont l'ouvrage du tems, comme aussi il amène les commotions politiques qui bouleversent la face des empires.

Rien de plus magnifique à voir, de cette élévation, que le soleil à l'instant où, après un beau jour d'été, il plonge son disque dans l'Océan. Ses feux teignent de pourpre et l'horizon des cieux et cette vaste nappe d'eau où il va précipiter sa lumière.

Mais ce qu'on ne trouve nulle part aussi réellement, c'est la salubrité de l'air ; c'est l'abondance des denrées c'est l'aménité des habitans (1). Telle est la patrie des héros de cette histoire.

François avait un beau visage et une ame encore plus belle. Son maintien annonçait un esprit orné. En effet, il parlait avec grace, chantait avec goût, faisait aisément des vers, les déclamait bien. Ses discours avaient une douceur touchante ; et quoiqu'il parlât fort souvent d'humanité, cela ne l'empêchait pas d'être très-humain.

Le père de François mourut. Il s'écria : « Mon père meurt, et moi je » vis ! . . . . . . » Il pleura, poussa des sanglots, s'arracha les cheveux ; et aux funérailles de son père, sa douleur était si vive que Victoire en fut touchée.

_______________

(1) L'Auteur écrivait céci longtems avant 1789.

Victoire

Victoire était jeune et jolie. Avec un esprit prompt et brillant, elle avait un cœur sensible et vertueux ; elle était passionnée pour les romans, et se nourrissait dans la solitude de ces gracieuses chimères qui embellissent le songe de la vie. Dans une de ses promenades solitaires, elle trouva à ses pieds les vers suivans.

Heureux oiseaux de ce riant bocage,
Chantez, chantez, redoublez vos concerts ;
Par vos accens, rendez un juste hommage
A la beauté dont je porte les fers.

Le dieu des ris et des tendres alarmes
Entre elle et moi, partagea ses bienfaits :
A ma victoire, il donna tous ses charmes ;
Et dans mon cœur, rassembla tous ses traits.

B 1.

A peine Victoire a-t-elle lu ce madrigal, que François passe et la regarde en tremblant. Elle rougit et lance sur le jeune poëte, le plus doux, le plus timide des regards. Hors de lui-même, il se retire pour mander à son amante combien ce regard l'a rendu heureux. Mais hélas ! à mesure qu'il s'avance vers sa demeure, ce regard s'efface ; la crainte, l'incertitude troublent son ame, il ne peut croire à son bonheur. Livré à cet état inquiet et perplexe, il arrive. Sa mère l'appelle, et sur l'avis de son directeur, lui dit :

« Mon fils, j'ai douze enfans, et je
» ne suis pas riche. C'est pourquoi il
» vous faut prendre un état. Le tems
» est comme l'eau d'un fleuve, il ne re-
» vient plus, lorsqu'il est passe. Inu-
» tilement, on veut le rappeler ; plus

» sourd que la mort, il ne répond à
» nos plaintes qu'en fuyant avec plus
» de vîtesse. Ce n'est donc pas lorsqu'il
» est écoulé, qu'il faut exhaler de
» vains regrets : le moyen de le trom-
» per, c'est de l'employer avec fruit,
» et de s'assurer un bien-être qui pré-
» vienne les besoins de la vieillesse. Je
» vous ai donné une honnête éducation;
» allez la mettre à profit, partez pour
» Paris. Je vous adresse à un procu-
» reur au parlement qui vous ins-
» truira ; et dans quelques années,
» vous viendrez occuper la place ho-
» norable que votre père avait dans
» ce baillage. »

Cette nouvelle fut un coup de foudre
pour François. Stupéfait, anéanti, sans
proférer un seul mol, il embrasse sa
mère, ses frères, ses sœurs, son cou-

sin le chanoine , et prend tristement le chemin de Paris,

Il n'avait pas fait deux cents pas , que sa douleur concentrée s'évapore par un torrent de larmes et par ces cris entrecoupés : « O Victoire!...,
» O ma mère !.... O dieu! j'en
,, mourrai. . . . oui. j'en mourrai.. ,
., La mort! la mort! c'est ma seule
,, ressource , mon unique bien. .. ,
,, Où vais-je ?.... Que deviendrai-
,, je ?.... Où est-elle?..... Si
,, c'était pour une heure, pour un
,, jour. . . . . Mais que sais-je ? Peut-
,, être des années entières s'écouleront-
,, elles loin de Victoire. Peut - être
,, en serai-je séparé toute la vie. ...
,, Non, non, c'en est fait ; mourons. ,,

François, pour se fortifier dans ces résolutions, se disait à lui - même ;
« Qu'est - ce que la vie ? c'est un

voyage ; la fin de ce voyage , c'est la mort. Quel voyageur, arrivé au terme, voudrait rétrograder ? Voyez le dans le jour, suivez le dans la nuit. Tantôt égaré dans des sentiers difficiles et étroits ; tantôt déchiré par les épines ; tantôt engagé dans les horreurs d'une épaisse forêt ; le bruit d'une feuille l'intimide. Son imagination blessée lui ouvre sans cesse des abîmes , lui creuse des précipices à chaque pas , et lui crée , à tous momens , de nouveaux dangers. La crainte d'être la proie des bêtes féroces, augmente encore un péril que les apparences rendent trop évident. Après tant de terreurs , tant d'angoisses et de contrariétés, peu à peu le jour reparaît, la lumière flatte agréablement ses yeux ; il sort enfin d'un lieu si affreux. Alors, son cœur s'ouvre au plaisir , et bientôt il

B iij

oublie ce qu'il a souffert. Comme ce voyageur, nous sommes exposés à mille anxiétés; le trépas est la lumière qui en efface le souvenir : mais quel est celui qui voudrait les souffrir encore, après être sorti de la maison des hommes ? Environné d'écueils, pressé par l'orage, quel voyageur s'arrêtera pour contempler les vents mutinés, le tonnerre roulant ses carreaux, l'éclair traçant son sillon enflammé? Non, il demandera des ailes, comme la colombe, pour s'éloigner du péril et se mettre à couvert des maux dont il est menacé.

Voyez le cigne qui naviguait avec tant d'orgueil et de majesté ; ennuyé d'une vie uniforme et triste, il appelle le trépas d'un ton plaintif et touchant. Sa voix a tant de douceur, ses prières sont si instantes, que la mort, sensible à ses accens, lève sur lui sa faulx cruelle ; alors, cet oiseau si célèbre par la richesse et la blancheur de son plumage, plein d'aise et de joie, bat des aîles, entonne mélodieusement son chant funèbre, et quitte, en rendant des actions de graces, une vie dont il ne pouvait plus soutenir le poids. Les rochers, les forêts, les campagnes témoins de ses plaintes, gémissent de sa perte . . . Ce n'est point le souvenir d'une vie criminelle qui lui fait invoquer la mort; de tout tems, le cigne fut le symbole de l'innocence et de la candeur.

Voyez un esclave, sa consolation est de penser qu'il sera libre un jour. Toutes les heures de sa captivité sont marquées par le deuil : le lever brillant du soleil, la marche radieuse de cet astre éblouissant ne flattent pas son œil obscurci par les larmes ; il voit, avec indifférence, la nature parée de toutes ses graces ; il ne soupire qu'après la liberté. Ainsi l'homme ne doit soupirer qu'après la mort ; il doit la regarder comme le terme de ses souffrances : la mort doit lui paraître belle et riante, puisqu'elle le délivre de l'esclavage. L'homme n'est-il pas esclave sur la terre ? il doit être satisfait, quand la mort vient briser ses chaînes.

C'est ainsi que François, en s'entretenant avec lui-même, arriva à W...., joli village à deux milles de M.... : en y entrant, il entend des cris joyeux mêlés au son des violons. Il avance et se trouve au milieu d'une place couverte d'arbres touffus. Des danses y sont formées, non par des bergères couronnées de guirlandes

de fleurs, mais par des paysannes sim-
ples et modestes ; non par des bergers
doucereux, fades et beaux esprits,
mais par des jeunes gens robustes,
allègres et dispos.

Le seigneur du village avec sa famille présidait cette fête champêtre.
La grace des manières, une agréable
tournure avaient fait remarquer François. On l'aborde, la conversation s'en-
gage ; il plaît, on l'invite à passer
quelques jours au château. Bientôt il
y captive la confiance des maîtres qui
l'habitent, au point qu'on lui propose
de se charger de l'éducation des enfans. Il accepte ; et le voilà, à vingt-
un an, précepteur en titre.

Sans être érudit, le comte de
Wail.... se piquait de connaître les
bons livres. Sa bibliothèque en renfermait une collection bien choisie.

Locke, Montesquieu, Rousseau, Newton et d'autres philosophes célèbres y occupaient un rang distingué. François avait étudié les maximes de ces grands hommes, et en parlait en amateur éclairé. Le comte était ravi de l'entendre. La conversation du jeune homme lui apprenait plus de choses qu'il n'en avait remarquées dans la lecture entière de ces profonds ouvrages.

“ Combien je me félicite, lui disait
,, le comte, de l'heureux hazard qui
,, vous a amené parmi nous. Combien
,, mon fils va acquérir de lumières
,, dans vos savantes leçons ! I est
,, destiné, par sa naissance, à jouer
,, un rôle brillant ; ses ancêtres
,, ont tous commandé avec honneur.
,, Il faut qu'il soutienne la gloire du
,, nom illustre qu'il porte. C'est vers
,, ce but, jeune homme, que vous

„ devez diriger tous vos efforts. Dites,
„ dites-moi quels moyens vous em-
„ ployerez pour élever son ame à la
„ hauteur de sa destinée. „

— " Je le conduirai devant les por-
„ traits des héros qui ont honoré la
„ patrie, devant ces tableaux qui
„ perpétuent les nobles actions de ses
„ ayeux, et je lui dirai : Voulez-
„ vous, à leur exemple, inscrire vo-
„ tre nom au temple de mémoire, et
„ participer à la reconnaissance de la
„ postérité ? travaillez sans relâche à
„ rassembler les connaissances néces-
„ saires à la profession que vous de-
„ vez embrasser. C'est par l'étude
„ qu'on acquiert la théorie ; elle sert
„ de boussole à l'homme de cœur.
„ Mais il n'est véritablement grand
„ qu'autant qu'il est juste, désinté-
„ ressé, humain et impartial. C'est

,, sur les grands services rendus à ses
,, semblables qu'ils mesurent leur
,, gratitude. Soyez donc le bienfaiteur
,, des hommes ; que vos vertus les édi-
,, fient, que vos lumières les dirigent,
,, que votre équité fasse prononcer
,, votre nom avec respect ; en un mot,
,, ce n'est pas assez d'être un héros
,, sur le champ de bataille, il faut
,, que vous soyez un grand homme
,, dans la vie privée ; et c'est là qu'il
,, faut des vertus soutenus, un carac-
,, tère loyal, ferme et invariable....,,
,, — " Aimable jeune homme, s'écrie
,, le comte en l'interrompant, puisse
,, ta belle ame passer dans celle de
,, mon fils, et l'élever au-dessus de
,, ses pères autant que les génération
,, ajoutent à l'ancienneté de notre
,, origine ! ,,

Un laquais, aux joues vermeilles et
rebondies

rebondies, honoré de la prédilection de monsieur le comte, vient avertir qu'on était servi, et met fin à la conversation.

Plusieurs jours s'étaient écoulés dans des entretiens de ce genre. Le comte applaudissait aux moindres discours de François et mettait dans ses procédés, envers lui, une attention minutieuse. Sous prétexte d'écarter les importuns, il l'attirait dans les endroits les plus isolés, et paraissait insatiable du plaisir de l'entendre. Quelquefois les yeux du comte étincelaient d'un feu qui embrasait toute sa figure. Il avait l'air préoccupé et paraissait plein d'un sentiment qu'il renfermait en lui-même.

Une longue continuité de beaux jours avait prolongé les jouissances de de la belle saison. Le soleil se montrait sur l'horizon, dans un ciel pur et sans nuages. La chaleur de l'atmosphère se communiquait de plus en plus à toute la nature. Les fleurs penchées sur leurs tiges appelaient la rosée. Les oiseaux se cachaient dans les feuillages. Les troupeaux languissans dédaignaient de brouter une herbe desséchée et poudreuse. Un feu dévorant circulait dans les veines et provoquait à l'amour.

En vain cherchait-on sous l'ombrage des bois à respirer la fraîcheur ; Zéphir retenait son haleine, et les insectes importuns vous assaillaient.

Au fond d'un parc planté de hauts ormes, s'élevait un pavillon solitaire. François n'y avait jamais pénétré. C'est dans un de ces jours où tous les feux de la Zone Torride paraissaient rassemblés dans notre climat que le comte invita le jeune homme à venir s'y reposer. Des nuages s'amoncelaient dans les airs et annonçaient l'orage. L'ardeur brûlante de l'astre du jour interdisait tout exercice. François suit le comte dans son hermitage : quelques peintures décoraient la première pièce ; elles n'offraient rien d'extraordinaire. Le comte se jète nonchalamment sur un sopha, et attire François à ses côtés. La conversation roulait sur les femmes. L'ame bouillante du jeune homme s'exhalait en délices. Le comte cherchait, par mille raisons, à calmer cette effervescence ; mais semblables à l'huile qu'on jète sur un brasier, elles avaient monté l'esprit du jeune Abailard, sur le ton de l'enthousiasme.

La contradiction aigrit l'impatient seigneur ; il dit, avec humeur, au jeune homme : « Vous parlez des femmes en idolâtre. O si, comme moi, vous eussiez pu apprécier ce qu'elles valent !.... Hypocrites, vaines et capricieuses, elles n'aiment jamais qu'elles-mêmes. C'est toujours l'intérêt personnel, le dépit, ou un caprice volage qui détermine leur penchant. Alors qu'elles sourient à vos tendres caresses ; qu'elles s'enivrent dans vos bras, des plus ravissantes sensations ; qu'elles vous flattent des noms les plus doux, souvent les perfides s'occupent à vous donner un successeur. Mais la nature vous ordonne-t-elle de suspendre un moment vos jouissances ? manquez-vous une seule fois de répondre à leur inextinguible ardeur ; vous êtes réprouvé, votre présence leur devient un vrai supplice ; ainsi font-elles de leurs crédules adorateurs,

Croyez-en mon expérience. Il n'est point de femme sensible, fidelle et chaste. Telle qui affecte l'austérité des mœurs, qui paraît recevoir, avec la froideur du marbre, les caresses d'un époux, et ne s'y prêter que par complaisance, est dévorée de desirs effrénés pour son amant, et lui prodigue, sans mesure, des témoignages de préférence. Mais entrons dans ce salon : vous y verrez l'amour vrai et sincère animer la toile et vous indiquer la véritable source de la félicité. »

L'étonnement de François fut extrême en voyant la richesse, l'élégance et la recherche des meubles qui décoraient cet appartement, au-dehors de la plus obscure apparence. Des orangers distribués autour du salon, dans des vases précieux, embaumaient l'air

de leurs parfums. Au milieu était disposée une cuve de marbre blanc destinée pour le bain ; l'eau d'une claire
fontaine y jaillissait et y répandait la
fraîcheur. Le pourtour était garni,
dans un ordre charmant, de flacons
d'essences précieuses. Six canapés, de
couleur jonquille, ornaient le bas des
trumeaux, et contrastaient avec les
rideaux des croisées, en taffetas verd.
Les peintures encadrées dans de riches
lambris, étaient d'une molesse et
d'une vérité admirable.

Là, c'était Catule qui souriait ten-
drement à l'aimable Juventius ; il
tâchait, par les vers les plus touchans,
de rendre sensible le cœur de ce jeune
Romain. Plus loin, Socrate donnait des
leçons de sagesse au volage Alcibiade.
Le philosophe laissait souvent errer
sa main sur les joues vermeilles du
jeune Athénien.

Ici, Adrien déposait l'orgueil de l'empire aux pieds du bel Antinoüs ; il admirait avec ravissement les superbes proportions de cet incomparable Bithinien ; il entretenait avec transport ce cher objet de la passion la plus constante ; il paraissait l'adorer. Antinoüs recevait, en souriant, les caresses de l'empereur, et, la bouche entrouverte, laissait voir des dents d'une blancheur éblouissante. Ses longs cheveux, l'albâtre de sa peau, le vermillon de ses joues, les roses de ses lèvres, la douce langueur de ses yeux, ce voluptueux abandon, ce sourire pénétrant, tout engageait son maître à le prendre pour un dieu.

François respirait à peine, tant il était ravi ; la vue de ces tableaux avait jeté ses sens dans un désordre qu'il avait peine à concevoir. « Asseyez-vous, lui dit le seigneur » ; et il s'assit. Chaque objet portait, dans ses yeux, le plaisir et l'étonnement. Ici, on voyait l'histoire de Valois et de ses mignons ; Cnélus, Maugiron, Saint-Maigrin versaient, tour à tour à ce monarque, une liqueur pétillante qui, en allumant son sang, lui ôtait la raison. Enlacés dans les bras les uns des autres, le prince et ses courtisans ne formaient qu'un grouppe, où, tour à tour vainqueurs et vaincus, ils ranimaient leur ardeur par de nouvelles provocations. Enfin, après avoir employé tout ce que la soif des plaisirs a de ressources ; abattus, ils se livraient aux charmes du sommeil. Mais l'ivresse du bonheur était encore empreinte dans leur attitude.

Ces images produisaient un véritable incendie sur les sens du jeune

homme : le comte en suivait toutes les
gradations ; et consommé dans l'art
d'enflammer les passions, il ajoutait
à l'effet électrique de ces tableaux,
des caresses, des embrassemens lascifs.
Il palpait avec adresse les parties les
plus sensibles du corps, et exaltait
tous les ressorts de son tempérament. L'infâme séducteur redoublait
de hardiesse; et François ne sachant
où on voulait le conduire, restait dans
une espèce d'ébahissement stupide.
Mais se réveillant tout à coup : Que
faites-vous, monsieur, oubliez-vous
que je ne suis point une femme?....
— Ah! mon ami, je le sais, et voilà
ce qui enflamme mon sang. O Phriné !
ajouta-t-il, que serais-tu auprès de ce
jeune homme! et il le couvre de brû-
lans baisers. Viens, mon ami ; ne
te refuses pas à mon ardeur; unissons

nos ames par les plus exquises jouissances. O combien elles sont préférables à celles insipides, monotones, que
prétend donner ce sexe orgueilleux et
perfide. Ah ! connais le véritable
plaisir, approche, et succombons ensemble sous l'ivresse des plus célestes
voluptés. Tu soupires.... la nature
te parle... je vais être heureux.
Semblable à un loup affamé, il pour-
suit sa proie de place en place. Dans
son désespoir, le jeune homme s'écrie:
« O Victoire!... Victoire, chère
ame de ma vie; non, je ne puis t'oublier; non, tu n'as pas les défauts
qu'on prête à ton sexe. Tu es un ange
de beauté. Ton cœur a la pureté du
premier âge, et le caractère touchant
de l'innocence est imprimé sur ton
front ingénu. Non, tu ne peux me
tromper; je mourrai plutôt que de
t'être infidèle. »

Hors d'haleine, en prononçant cette invocation, il cherche à s'échapper aux persécutions de l'exécrable tentateur. Il croit voir, dans une encoignure, une porte entrouverte; il s'y jète à corps perdu, et il tombe à genoux sur un tabouret médiocrement élevé; ses pieds sont emboîtés dans le parquet. En même tems, une espèce de collier, fort pesant, faisant partie de la mécanique infernale, s'ajuste sur le cou du malheureux, et lui fait ployer la tête sur un carreau d'édredon, préparé pour la recevoir. Ses mains renfermées dans un espace étroit ne peuvent agir; et dans cette attitude, il peignait au naturel une victime qu'on allait immoler.

Cependant la foudre semble menacer la terre de sa destruction : ses éclats redoublés font trembler les

vitres du pavillon. François s'écrie :
« O ciel ! écrase le scélérat qui attente
à ma vertu, et abuse de mon impuis-
sance pour insulter à la nature. Et toi,
le plus vil des hommes, quel chemin
choisis-tu pour arriver au plaisir ? tu
confonds les sexes : les feux qui ont
consumé Sodome, jaillissent en ce moment du ciel ; crains la voix imposante
qui te parle . . . — Non , répond
l'impie, il n'est point d'autres dieux
que le plaisir , je le saisis où je le
trouve. Ah ! mon ami . . . tiens,
je . . . . L'affreux maroniste s'élan-
çait . . . . L'éclair fend la nue, l'ex-
plosion est terrible , le tonnerre brise
les liens de François ; il est libre ; son
persécuteur est renversé, le pavillon
est livré aux flammes, et son perfide
possesseur ne survit que pour traîne

la plus importune vie dans les remords
et l'opprobre.

François, délivré du danger, adresse,
en s'éloignant, une action de graces
au ciel, et s'écrie : « Hé! quoi! c'est
sous de pareilles auspices que j'entre
dans la carrière de la vie ! J'ai voulu
boire le bonheur dans la coupe de la
jeunesse, et le bord du vase ne m'a
présenté qu'amertumes.

» O Victoire! si je ne vous aimais
avec constance, si vos mains consola-
trices ne devaient un jour essuyer mes
larmes, j'abrégerais des jours trop
insupportables, et j'irais chercher,
dans le néant, un repos que l'existence
ne donne point. Chère amante, ah !
si vous saviez tout ce que je souffre
loin de vous, à quelle épreuve cruelle
j'ai été exposé, pour vous rester
fidèle, peut-être auriez-vous pitié de

moi, peut-être que votre attachement en recevrait de nouvelles forces. » C'est au milieu de ces plaintes que François s'avance, sans savoir où guider ses pas.

Le ciel a repris sa sérénité, et le soleil à peine arrivé à la quatrième heure, embrâse encore l'horison. Son action développe et répand sur la route les parfums des arbustes et des herbes aromatiques qui bordent la forêt voisine. Le verd foncé des feuillages qui contrastent avec les épis dorés des moissons, les chants des pâtres retirés avec leurs troupeaux sur la lisière du bois, l'activité des travailleurs disséminés dans la plaine; ce spectacle intéressant arrête les regards de François : tel un homme qui, sortant d'une maladie longue et douloureuse, voit renaître avec lui toute la nature, et fixe avec

ravissement les objets qu'il voyait au-
paravant d'un œil insensible. Il apperçoit un berceau de chèvrefeuilles qui
paraissait consacré à l'amour. Un lit
de gazon tapissait la terre : au bout
du berceau se trouvait un groupe qui
représentait Vénus dans les bras de
Mars.

Le marbre rendait, avec énergie,
l'ivresse de leurs transports; il sem-
blait exprimer leurs soupirs et leurs
frémissemens. L'haleine caressante des
zéphirs agitait mollement le feuillage
d'alentour. Les oiseaux que cet asyle
attirait, le faisaient retentir de leur
tendre ramage.

François entre sous cet ombrage
hospitalier; et s'étant assis, il soulage
son cœur par cette romance.

DANS la langueur qui me consume,
Ce qui s'offre devant mes yeux,

Au fond de mon ame rallume
La violence de mes feux,
Dans cet asyle solitaire ,
Je cherche , en vain , la paix du cœur ;
L'amour , cet enfant téméraire ,
Vient s'opposer à mon bonheur.

Lorsque , pour charmer ma tristesse ,
Près d'un ruisseau je prens le frais ;
L'onde me retrace sans cesse
Les voluptés que je goûtais :
De Victoire , j'y vois l'image ;
Quand les premiers rayons du jour
Eclairaient le discret hommage
Que nos cœurs rendaient à l'amour.

Une rose , prête d'éclore ,
Va t-elle embellir le printems ?
Ma Victoire , je crois encore
Admirer tes appas naissans :
Ici , la tendre Philomèle
Fait-elle retentir ces bois ?
Aussi-tôt sa voix me rappèle
Les divins accens de ta voix.

Eclair rapide de l'ivresse,
O courts et mobiles plaisirs !
Ne laissez-vous à ma jeunesse
Que d'inutiles souvenirs ?
Faites au moins que, dans mes songes,
Je retrouve encore vos attraits ;
Et par ces innocens mensonges,
Venez suspendre mes regrets.

En finissant ce couplet, François sent ses peines se calmer. Une douce rêverie enchaîne peu à peu ses sens, il s'endort. Pendant son sommeil, il croit voir sa maîtresse couchée sur le gazon. Sa belle chevelure y flottait parmi les fleurs ; d'amoureux soupirs agitaient son beau sein et en déployaient tous les charmes. Ses autres appas étaient voilés par une gaze légere dont se jouaient les Zéphirs pétulans. Ainsi leur souffle générateur développe les attraits cachés de la rose naissante :

ainsi l'on peint la Nayade, sans autre vêtement que le crystal mobile des eaux.

La divine lumière que tempère un voile de verdure éclairant les charmes de Victoire, les rend plus touchans. Les oiseaux, retirés sous cette voûte de feuillages, interrompent leurs chants pour se livrer à l'amour. Les fleurs du berceau paraissent sensibles aux caresses du zéphir. Dans ce calme universel, le langage du cœur se fait seul entendre : « Vois ce spectacle, disait François à sa maîtresse ; vois ces deux amans, en lui montrant le groupe de Mars et de Vénus. Ils s'aiment, l'amour les rend heureux, nous pouvons nous élever à leur bonheur, en imitant leurs transports . . . » Victoire lui ouvre les bras et jette sur lui un regard plein d'une molle langueur ; ils s'embrassent amoureusement ; leur bouche est colée l'une contre l'autre : ils éprouvent déjà les premiers symptômes de la félicité, lorsqu'un prompt réveil détruit la chimère qui occupe François si gracieusement, et le livre de nouveau à toutes les horreurs du désespoir.

« Quoi, je dormais, s'écrie François ! Quoi, ce n'était qu'un songe ! Hélas ! que les plaisirs sont de courte durée ! Je possédais ma Victoire, je la pressais dans mes bras ; je m'éveille, elle m'échappe . . . » Comme il faisait cette réflexion, il apperçoit, près de la forêt, une jeune personne nonchalament couchée sur le gazon. A cet aspect, son cœur palpite, il approche . . . Dieu ! donnez-lui des sens ! Cette jeune personne, c'est sa bien-aimée, sa maîtresse, sa Victoire. Est-ce un prestige, un enchantement ?

« Est-ce toi, ma tendre amie? — Moi-même, c'est moi qui ai versé tant de larmes à votre départ. On vous a dit malheureux, et ces nouvelles m'ont fait desirer d'en connaître la cause.

Je vous ai demandé : vous étiez parti dans le désespoir; j'ai volé sur vos pas pour vous consoler . . . . ( 1 ). La première fois que je vous vis, je pris à vous un intérêt si tendre que, quand vous eussiez été mon frère, je ne vous eusse pas aimé davantage. — O ma Victoire! Je ne puis croire à mon bonheur, si tu ne me le confirmes par un baiser, un seul baiser... O Victoire! je vous tiens enfin dans mes bras! voici l'instant de réparer les heures tardives de l'attente. Laissez-

_______________

( 1 ) Le château de W . . . . n'est qu'à une heure de chemin de M . . . .

moi presser les roses de votre bouche, respirer le parfum de votre haleine. Ma bien aimée! je ne puis plus supporter le feu qui s'irrite. dans mes veines . . . . » François, hors de lui-même, emporté par la chaleur de l'amour et de la jeunesse, applique sa bouche sur la bouche charmante de Victoire; il darde, sur ses lèvres enflammées, le sillon sulphureux du baiser; il dévore un sein arrondi par l'amour, séparé par les graces, et qui, par son perpétuel mouvement, appelle tour à tour les caresses et le plaisir : enfin défaillant, respirant à peine, il laisse tomber sa tête languissante sur le sein de sa maîtresse. Le sommeil vient fermer leurs yeux fatigués par l'amour...

Mais quel est son étonnement ? à son réveil, il se trouve seul ! Plus de Victoire ; elle est disparue . . .

« Quoi ! s'écrie-t-il, avec amertume, suis-je donc destiné à être sans cesse le jouet de la fortune ? Tantôt je dormais ; et, pendant mon sommeil, je touchais au bonheur suprême. Bientôt un réveil affreux me livre aux regrets les plus amers. Je sors de cet accablement pour déplorer mon sort ; le hazard me fait retrouver celle que j'aime. Incertain de mon bonheur, je m'en assure par un baiser ; et à peine ce baiser m'a-t-il conduit à la félicité suprême, que ma maîtresse disparaît et me fait douter, par-là, de la réalité de ce qui vient de se passer. Etais-je plus malheureux, quand le réveil détruisit ma première illusion ? Hélas, non ! La seule différence, c'est qu'elle avait été moins agréable, et qu'elle laissait, après elle, moins de regrets. Ah ! je le vois, la vie n'est qu'un songe ! »

François eût donné tout au monde pour retrouver son amante; mais il n'osait rétrograder; l'ordre sévère de sa mère était un arrêt irrévocable; et la crainte de rencontrer l'infâme séducteur l'en détournait plus efficacement. Il marchait avec précipitation : il apperçoit de loin les murs d'une cité : cette vue ranime un peu ses espérances; il entre sur la place. Un peuple immense suivait obstinément des gens armés. Les portes, les fenêtres et les toits étaient remplis de monde. « Que veut dire cette affluence ? »

Venez, lui répond un homme d'un âge mûr et d'une physionomie ouverte; vous me paraissez étranger et sensible. Vous voyez ce cabinet qui domine sur la place, il m'appartient; de là nous pourrons tout voir et entendre.

Nous vîmes en effet monter, avec

une noble assurance, un jeune homme, dont l'amabilité et l'enjouement se peignaient encore au milieu de l'appareil lugubre de son supplice. « O Dieu! s'écrie François, que cette figure est intéressante! se peut - il qu'un extérieur si prévenant soit trompeur! A-t-il souillé ses mains du sang de ses semblables ?.. — Hélas! non, reprend l'honnête citoyen, personne n'a à se plaindre d'une seule égratignure. — Quel est donc son crime? le viol? — Ah! mon ami, on ne viole plus personne. — Parlez, vous irritez ma curiosité. De quoi l'accuse-t-on? — D'avoir cicatrisé un morceau de bois peint, de s'être tenu la tête couverte à trente pas d'un disque de pain appelé *Dieu*. — Et c'est-là tout!.. — Tout son crime. — Vous l'appelez...? — La B***. — Malheureux

reux jeune homme, s'écrie François avec attendrissement, ta fin est digne de Socrate. Mais quelle opinion dois-je avoir de tes juges? Ils pensent comme toi, et ils prononcent ta mort!

Cependant la B * * * promenait, sur les flots du peuple, un regard paisible, souriait à ses bourreaux, et répondait à son confesseur avec une présence d'esprit admirable.

« Voici le moment qui approche, lui disait le caffard. Recommandez-vous au Dieu qui vous a créé, vous ne sauriez nier son existence, la nature entière vous l'affirme, et nous en portons l'idée en nous. — Je n'en crois rien, mon père; car ce qui prouve que l'idée de Dieu est une notion uacquise, c'est qu'elle varie d'un siècle à l'autre, d'une contrée à une autre, d'un homme à un autre. La preuve que c'est une erreur, c'est que les hommes sont parvenus à perfectionner toutes les sciences qui avaient un objet réel, et que la science de Dieu est restée par-tout au même point. Il n'est rien sur quoi les hommes soient aussi partagés. — Mais enfin chaque nation a un culte. — Ceci ne prouve rien. L'universalité d'une opinion n'est point une preuve de sa vérité. Tout le monde n'a-t-il pas ajouté foi à la magie ? Avant Copernic, n'a-t-on pas adopté que la Terre était immobile, que le Soleil tournait autour d'elle ? L'idée de Dieu et de ses attributs n'a d'autre fondement que l'opinion de nos pères infuse en nous par l'éducation, par une habitude contractée dès l'enfance et fortifiée par l'exemple et l'autorité. Nous tenons à ces idées, sans avoir pris la peine d'y réfléchir nous - mêmes.

— Mais vous ne pouvez nier que quelque chose existe éternellement. — Oui ; mais quelle est cette chose ? Pourquoi ne serait-ce pas autant la matière qu'un pur esprit ? Ce qui existe suppose dès-lors que l'existence lui est essentielle. Ce qui ne peut s'anéantir, existe nécessairement : or telle est la matière : c'est donc elle qui a toujours existé. — Cela se peut ; mais la Religion nous enseigne qu'il faut adorer un être indépendant, immuable. — Quel est cet être indépendant ? Est-il indépendant de sa propre essence ? Non ; car il ne peut faire que les êtres qu'il produit ou qu'il meut agissent autrement que d'après les propriétés qu'il leur a données. Est-il immuable ? Non ; car un être immuable ne pourrait avoir de volonté, ni produire des actions successives : or, si cet être a créé la matière ou enfanté l'univers, il fut un tems où il voulut que cette matiere et cet univers existassent, et un autre où il avait voulu le contraire : donc il n'est point immuable.

— L'être existant par lui-même, continue le Confesseur, est nécessairement intelligent. — L'intelligence est une qualité : pour avoir de l'intelligence, il faut penser ; pour penser, il faut avoir des idées ; pour avoir des idées, il faut avoir des sens : quand on a des sens, on est matériel, on n'est pas un pur esprit. — Mon cher monsieur, Dieu n'est rien de ce que l'homme peut connaître. — Mon père, si l'on n'en peut rien dire de positif, il est au moins permis de douter qu'il existe ; s'il est incompréhensible, peut-on nous reprocher de ne l'avoir point conçu ? — Mais le bon sens et la raison suffisent pour nous convaincre de son existence. — On nous dit que la raison est un guide infidèle en ces matières. D'ailleurs, la conviction n'est j'amais que l'effet de l'évidence et de la démonstration. Ces mouvemens réglés, selon nous, sont bien, tant qu'ils nous sont utiles; et mal, quand ils ont cessé de l'être. Tout est l'effet des combinaisons de la nature : ce que nous voyons de plus admirable dans ses productions, n'est que l'effet naturel de ses parties diversement arrangées. Ce qu'on appelle mouvement, n'est autre chose que le produit du choc. Le mouvement perpétuel, c'est cette oscillation constante qui parcourt le cercle infini de l'espace.

Mettez la main sur vos yeux; c'est le cahos, c'est le tems de la fermentation des mondes.

E iij

La nature, c'est le jeu du mouvement sur la matière.

La fermentation des mondes, c'est le résultat du cahos ; c'est la grande action du mouvement qui défluctue la matière, force les fluides à se replier les uns sur les autres, à se précipiter en globules divers sur une infinité de centres de gravité. Les globes contenus sont environnés de globes contenans : les globes contenans, environnés et pressés du cahos. De la liaison intrinsèque de ces trois systêmes, viennent les combinaisons élémentaires du bon, du beau, du juste, des contraires, des intermédiaires , etc. Le grand systême une fois posé, suivent les systêmes célestes secondaires, dont la gravitation combinée fait naître l'idée de l'ordre, du calcul, des distances , etc.

Les systêmes secondaires ayant ac-
quis une consistance nécessaire ; la
glu génératrice étant suffisamment
agitée par les eaux, dont l'évapora-
tion laisse des corps qui n'attendent
que l'influence du soleil pour se dé-
velopper ; une chaleur puissante les
fait transpirer, la membrane se brise,
le censorium tressaille, les yeux s'ou-
vrent ; l'animal, à peine éclos, veut
exercer ses facultés et se reproduire ;
ses sens imparfaits le trompent ; il lui
faut une chaîne de siècles pour se modi-
fier. Pendant ce laps de tems, la nature se raréfie, l'air s'épure et les
êtres se perfectionnent. De cette élabo-
ration continuelle résultent la force et
la beauté de l'homme. Pour le bien
être commun, des familles se réunis-
sent ; et s'étant multipliées, elles vont
chercher des lieux plus rians, plus

commodes ; cause de la guerre et des conquétes. Pour se mettre à l'abri de ces premiers conquérans, on imagine des fossés, des palissades : d'autres conquérans déterrent le fer, le façonnent, et le métal devient la parure des guerriers. Le plus sanguinaire, le plus destructeur est proclamé roi ; on le couronne, on se prosterne ; il crée des lois pour ses nouveaux sujets. . . .

— Mon ami, lui répond le moine, en secouant la tête, vous mourrez impénitent ; le ciel vous pardoune. Embrassons - nous, c'est l'usage. — De tout mon cœur. » Le jeune homme l'embrasse, salue ses concitoyens, adresse ses adieux à ses amis, se prosterne, relève ses cheveux, et reçoit le coup avec le calme d'un prédestiné. François, le cœur oppressé de ce sanglant spectacle, s'échappe sans remercier son hôte, secoue, sur cette ville barbare, la poussière de ses pieds, marche avec précipitation, s'égare, et arrive fort tard dans une auberge.

Préoccupé des noires idées dont les traces étaient encore empreintes dans son ame, François n'avait pas remarqué une jeune fille dont l'empressement à le servir était cependant très-digne de l'être. Frappé tout à coup du son de voix, il s'écrie: *C'est Victoire !* Elle, à demie voix : *C'est Ambroise !* François lève les yeux : « C'est bien son port, sa fraîcheur, son air d'innocence, sa ressemblance, la figure de Victoire. » La jeune fille le conduit dans une chambre à coucher à la faible lueur d'une lampe. François lui prenant la main : « Ne seriez - vous pas ma maîtresse ? » A ces mots, elle tombe évanouie. François fait ses efforts pour la réveiller ; il la délasse ; et son corset ouvert, laisse voir deux monticules d'une blancheur éblouissante. Mais quelle plus charmante erreur ! Il coupe les rubans qui attachaient sa jupe légère . . . sa main s'égare ! La belle inconnue pousse un cri ; François suspend ce cri en colant ses lèvres contre les siennes ; elle repouse et veut parler ; sa langue est embarrassée : l'ardeur qui brûle François produit sur elle le même effet. Tandis qu'elle reste pâmée, il approche du sanctuaire de l'amour et l'atteint. Plongée dans des torrens de voluptés, l'inconnue s'apperçoit, mais trop tard. qu'elle a pris François pour son amant. Elle se retire honteuse, et cependant elle dit à François : je reviendrai pendant la nuit, car j'ai mille choses à vous dire.

François se couche et s'endort. Vers minuit , on frappe doucement à sa porte ; c'était l'inconnue : elle entre et se met au lit. — Monsieur , le motif qui me conduit ici, est bien excusable, puisque c'est pour vous demander si vous n'avez pas entendu parler de mon amant : son nom est Ambroise ; comme vous , il a l'œil vif , la taille déliée, le son de voix insinuant , comme vous . . . Il m'aime à la folie , et il mourra de chagrin, s'il ne peut me retrouver. Ah! ne pourriez-vous pas me dire où il est à présent ? — Hélas! non. Depuis que j'ai quitté ma mère, je cours après Victoire , et vous lui ressemblez si bien que tantôt je m'y suis trompé. — Ce sont aussi vos traits, si conformes à ceux d'Ambroise , qui m'ont fait tomber dans un évanouissement dont vous avez si cruellement profité. Mais contez-moi vos aventures, et je vous dirai les miennes : le récit de nos malheurs en adoucira l'amertume. — Commencez, je vous en supplie, il me tarde d'apprendre comment jeune, belle, instruite, et avec le ton d'une personne bien née, vous avez pu embrasser l'état de servante d'auberge où, à chaque instant, vous êtes exposée à des erreurs singulières. Elle répondit de cette manière :

— Je suis la fille du procureur des Minimes d'Ab * * *. Ma mère était jardinière du couvent. Mon père me fit élever comme un garçon ; il fut lui-même mon précepteur, et m'enseigna les humanités et la philosophie. Alors je pris l'habit de Minime : j'avais dix-sept ans, et aucune des passions communes à mon sexe ne m'avaient tourmenté;

tourmenté; mais le jour de ma défaite arriva. Ambroise, jeune homme de la ville, venait souvent voir mon père. Je ne sais pourquoi, je ne pouvais m'empêcher d'avoir les yeux incessamment fixés sur les siens. Quand il me parlait, j'étais troublée; sa voix était si douce, son œil si tendre que je ne me lassais point de l'écouter ni de le voir: quand il me quittait, j'étais triste et languissante; le jour, son image me suivait par-tout; pendant la nuit, je le voyais encore. Quand je rêvais, c'était toujours de lui: tout ce qu'il avait touché me devenait précieux; tout ce qu'il disait me paraissait charmant. Un jour que la chaleur était excessive et que mon père était absent, il me proposa d'aller ensemble prendre un bain dans la Somme. J'acceptai. Nous nous déshabillâmes l'un près de l'autre. Dieu! que devins-je, quand je le vis nud! Je voulus lui prendre la main; je tremblais.... Une révolution subite se fit dans tous mes sens. Je palpitais de saisissement et de crainte : il me tint serré dans ses bras, me couvrit de caresses.... O jour de délices! instant de charmes et de voluptés! O cher Ambroise! puis-je espérer de te revoir encore? Tu gémis de mon absence, tu n'as pu m'oublier. Le tems coule ; il s'envole et passe avec rapidité ; il affaiblit les plus douces affections, éteint les sentimens les plus tendres, fait mentir les amans et guérit les plus profondes blessures; mais jamais il n'effacera ton image de mon cœur. Tu fus le premier qui me rendit sensible, et jamais je ne le serai que pour toi. Hélas! pourquoi t'ai-je perdu ? Ambroise m'ayant fait connaître mon sexe, me fit prendre des habits de femme et me cacha dans un village. Toutes les nuits, il venait me donner de nouvelles preuves de son amour. Son père, instruit de ces fréquentes visites, obtint une lettre de cachet contre lui. Des monstres vinrent m'arracher mon amant : je courus échevelée après eux ; les tigres furent sourds à mes cris, insensibles à mon désespoir.... Je m'éloignai bientôt des lieux funestes, témoins de mes malheurs ; et me trouvant sans ressource, je me condamnai à la servitude dans cette auberge. N'abusez pas de ma confiance, aidez-moi à retrouver mon amant, car je ne puis vivre sans lui. »

— Non, dit François, ne craignez rien ; mais je ne veux pas que vous demeuriez dans une condition si humiliante. Levons-nous et partons. D'honneur, je ne puis revenir de ma surprise, ni concevoir comment il est possible que deux créatures aient autant de ressemblance. Quand vous parlez, je crois entendre ma Victoire : quand vous me regardez, ce sont ses yeux, c'est l'expression si tendre de son ame : quand vous baissez la vue, c'est sa touchante modestie : ses bras ont la même blancheur que les vôtres ; c'est le même sein, également arrondi par les graces, animé par l'amour : votre bouche brûle comme la sienne. Ah ! si vous n'êtes pas Victoire, qu'êtes-vous donc ? Vous êtes un ange. — Ah ! laissez-moi prendre mes habits ! je rougis de me voir dans cet état. Que la vertu tient à peu de choses ! Mon cœur est pur ; et je puis dire que c'est la force de mon amour pour Ambroise, qui m'a rendu infidelle un moment. Enfin elle s'habilla ; et ayant fait ses adieux aux gens de l'auberge elle s'achemina avec son nouveau compagnon de fortune.

Après avoir marché toute la matinée, ils arrivèrent, à midi, près de St. - R * * * : ils y trouvèrent un joli hermitage, fondé par les soins religieux de St. Aniche. Un vieillard, qu'on appelait Alexis, y avait fixé son séjour : des mains charitables lui portaient un pain toutes les semaines. Ce secours, joint à quelques autres bienfaits et au produit d'un jardin qu'il cultivait soigneusement, le dispensait d'aller demander l'aumône. Sa douceur, son aménité, l'esprit qui brillait dans ses discours, son bon sens, assaisonné d'une gaieté franche, annonçaient une éducation soignée.

On l'allait consulter, dans le canton, comme un oracle; ses réponses étaient toujours claires, justes et précises : il aimait beaucoup les petits enfans ; ces innocentes créatures ne sortaient jamais de sa demeure, qu'il ne leur fît quelque présent de fleurs et de fruits : il était à dîner.

« Vénérable vieillard, lui dit François, j'admire la sécurité avec laquelle vous recevez chez vous des inconnus. Il faut que vous ayez, des hommes, une opinion favorable, pour en agir avec tant de confiance. Hélas! que ne m'ont-ils inspiré les mêmes sentimens, je ne viendrais pas troubler la douceur de votre retraite! — Pourquoi cette humeur contre les hommes? vous les voyez méchans; je les vois, au contraire, sensibles et bons. Le mal vient de la bizarrerie et de la défectuosité

des lois. Ces lois cruelles, en contra-
riant avec trop de rigueur celles de
la nature, nécessitent la prévarication.
Otez les besoins, dégagez l'homme des
chaînes dont il est garotté, vous arra-
cherez les racines du mal, et l'arbre
du bien couvrira la terre entière.

» Depuis vingt ans que j'habite cet
hermitage, je n'ai reçu de mes semblables, que bienfaits et bénédictions.
Pourquoi me tourmenteraient - ils ?
Je n'ai rien qui puisse tenter leur
cupidité. Un peu de pain, des fruits
et des légumes, voilà mes richesses.
Mes voisins viendront - ils m'enlever
ces médiocres provisions ? Tous ceux
qui fréquentent cet asyle, savent avec
quel plaisir je les partage avec eux :
mais, ajouta-t-il, monsieur, suspen-
dons les réflexions, mettez - vous à
table. Quand l'estomac est satisfait,

les idées sont plus nettes. Il nous invita à séjourner dans son hermitage. Il ne fallut pas beaucoup d'instance. Nous acceptâmes; et sans nous faire aucune question, il stimula notre appétit par la bonne humeur et le ton aimable de sa conversation.

L'hermite leur raconta ainsi ses aventures : — Mon véritable nom est Billette ; je suis né à Rheims, et ma famille est établie à Marseille, depuis long-tems. On peut diviser mes compatriotes en fripons et en égoïstes. On les croit quelquefois courageux ; ils n'ont que de la jactance : on les croit spirituels ; ils n'ont que du babillage et du jargon.

Impatiens du joug, ils ne peuvent supporter aucune autorité légitime. On ne les maîtrise que par la crainte : ils sont bas, rampans et même abjects lorsqu'ils sont les plus faibles ; mais quand la force et le nombre sont de leur côté, il n'existe point, sur la terre, de peuple plus oppresseur, et même plus sanguinaire.

Le climat estueux du Midi rend les habitans de Marseille fort enclins au libertinage et aux plaisirs les plus sensuels.

Dès l'âge de quatorze ans, je participai à ce penchant endémique. Toutes les femmes que j'approchais, éprouvaient les effets de ma complexion amoureuse. J'étais comme cet enfant que Callipso reçut dans ses bras : j'échauffais, j'allumais, j'embrâsais tous les cœurs ; et le feu pénétrant de mes regards, et la pétulance d'une main téméraire, et mes baisers passionnés animaient les tempéramens les plus froids. Si bien que mon père, qui était secrétaire de l'Académie', voyant que je maigrissais, que je perdais l'appétit, que je marchais avec peine, proposa, pour prix de cette année, les questions suivantes :

1°. Quel est le moyen de rendre la flexion aux nerfs engourdis et desséchés ?

2°. Comment peut-on donner au corps une chaleur modéré, et réprimer un sang violent et trop subtil?

Je n'entrerai pas dans les détails intéressans dont fourmillait le mémoire qui remporta le prix : je vous dirai seulement qu'il ordonnait de transporter le malade dans une campagne où l'air salubre et vivifiant ne fut point chargé de miasmes nuisibles; dans le voisinage des prés, des fontaines, parce que les exhalaisons qui en émanent, fortifient l'ame, raniment les forces et rétablisssent la vie. Il démontrait que dans ces lieux sereins, l'air est empreigné de tout ce qu'il y a de plus volatil et de plus cordial dans les plantes; il ordonnait de faire sortir le malade, le matin, parce que la rosée, qui s'évapore peu à peu, après s'être imbibée de tout le baume des fleurs sur lesquelles elle a séjourné, donne de la gaieté. Il défendait tout aliment crû, âcre ou salé; il ordonnait, au matin, un peu de quinquina délayé dans un vin fortifiant et huileux; et au repas, il permettait l'usage du veau, du poulet et du faisan: il recommandait le bain froid, les frictions, l'exercice, et interdisait tout commerce avec les femmes.

Mon père s'appercevant, comme je vous l'ai dit, que les mœurs Marseillaises m'avaient rendu pthisique; que ma vue s'obscurcissait ; que mes jambes chancelantes ne pouvaient plus me soutenir ; que j'étais tombé dans un état de faiblesse et d'abattement, qui m'ôtait le jugement et la mémoire, m'envoya chez un de ses amis, à Compiègne. Par ses soins, je repris des forces. Peu à peu, je parvins à un degré de vigueur que vous auriez peine à concevoir.

Je ne me plaisais pas dans cette ville. La fréquentation des gens de cour en avait rendu les habitans vains et insolens. Je disais souvent à quelques-uns d'eux : La culture des lettres adoucit les mœurs, éloigne l'ennui, le poison des petites villes ; excite l'émulation, mère de l'industrie ; resserre les liens de la société, et donne des charmes à l'éclair fugitif de la vie. Le talent isolé périt d'inanition.

C'est

C'est l'estime qui l'échauffe, le développe et le vivifie. Que n'établissez-vous un Lycée dans votre ville ? ce serait un théâtre propre à exercer votre jeunesse et un point de ralliement pour les étrangers.

On parla de ce projet ; il plut beaucoup à une dame aimable et spirituelle. Elle desira me connaître ; je ne me refusai pas à ses desirs. Dès la première visite, nous nous liâmes étroitement. Enfin je contractai la douce habitude de la voir tous les jours. Depuis un an, je goûtais près d'elle, le plaisir inexprimable de l'amitié, lorsqu'elle m'annonça l'arrivée de Louise, sa fille unique, pensionnaire dans un couvent, depuis dix-huit mois. Nous fûmes au devant d'elle. Une voiture s'arrête, on ouvre la portière, Louise s'élance dans les bras de sa mère. La jeune personne me salue avec timidité. Sa mère lui dit en me présentant : Ma fille, embrassez le meilleur de mes amis. Elle m'embrasse avec modestie. Dieux ! que devins-je après ce baiser ? il développa dans mon cœur, une passion effrénée que les glaces de l'âge ont tempérée sans l'avoir éteinte. Arrêtons-nous un moment, mes larmes coulent ; ayez pitié de ma douleur. Ah ! ma Louise, jamais, jamais, ton souvenir ne s'effacera de mon cœur. La mort même ne pourra anéantir mon amour. J'espère te retrouver dans l'Elysée où ton ombre chérie attend avec impatience l'instant de se réunir à la mienne.

Jamais je n'avais vu une plus belle créature que Louise. Une peau fine et d'une blancheur éblouissante, une gorge indocile au fichu qui la voilait, des traits si jolis, une bonche si bien dessinée, des dents superbes, un œil vif, amoureux, un air de pétulance et de folie, cet embonpoint qui annonce une santé pleine ; un mélange de grâces et de majesté, un son de voix doux et insinuant ; l'esprit cultivé, le style agréable, du bon sens, de la pénétration, une plaisanterie fine. . . . Est-ce ma Louise que j'ai peinte ? hélas ! c'est dans mon cœur qu'est gravé son portrait ; il n'est pas permis à l'expression de le rendre.

Quand elle était animée par quelque passion, elle s'énonçait avec une facilité et une élégance surprenante. Mais tout cela était le don de la nature, elle n'avait jamais voulu rien étudier. Les livres l'ennuyaient ; elle préférait une partie de Volant, un goûter à la campagne, une promenade dans la forêt, ou la danse. Sa voix était agréable, et elle chantait sans mesure. Elle avait beaucoup de mémoire, et ne l'exerçait qu'à apprendre des chansons.

Femmes savantes ! femmes auteurs ! l'aimable ignorance de Louise effaçait tous vos talens. Elle ne faisait pas de belles phrases, elle ne citait ni Montaigne, ni Charron ; elle écrivait sans orthographe ; mais ce qui sortait de sa bouche ou de sa plume était dicté par son cœur et avait un charme naturel qu'on ne trouve ni ne puise dans les livres.

A quoi me servirait, disait-elle, de consumer mes loisirs à approfondir ces sciences abstraites auxquelles le philosophe paraît attacher tant d'importance ? en deviendrais-je meilleure ou plus heureuse ? Ne sont-ce pas au contraire les rêves de tant de cerveaux exaltés qui ont enfanté une foule de systêmes extravagans sur la Morale et la Physique , plus propres à nous rendre vains , moroses et atrabilaires, qu'à nous conduire à la vérité et au bonheur ? Leurs découvertes si vantées valent-elles pour moi la société qui me plaît, la conversation enjouée qui m'égaie, l'occupation ou l'amusement qui me dissipent ? Quelle folie de se fatiguer la tête pour des chimères !

Telle était la philosophie de Louise. Elle joignait aux lumières naturelles, une extrême sensibilité. Elle n'a jamais pu voir une créature souffrante, sans lui donner des secours. Rien ne lui coûtait, quand il fallait soulager les malheureux. O ma femme ! ô ma Louise ! en parlant de toi, c'est avec plaisir que j'ai rendu hommage à tes vertus, mais je ne dissimulerai pas non plus tes fautes. Si du ciel où ton ame réside, tu peux entendre ma voix affaiblie par l'âge, ne t'offenses pas de ma franchise; je conserverai son langage en confessant mes défauts, ta patience inaltérable à les supporter et les déréglemens de ma conduite. Vingt ans de retraite ont dû les expier. O Louise! implore pour moi la miséricorde de celui dans le sein duquel tu reposes, du maître de la vie et de la mort.

Depuis le retour de Louise, je passais toutes mes journées près d'elle, sans desirer autre chose. L'étude, que j'avais tant aimée, me devint insupportable. Je n'étais bien qu'auprès de Louise; je ne jouissais qu'en la voyant, tout me déplaisait sans elle. Quand je pouvais toucher sa main, quand

mon genoux pouvait presser le sien ;
lorsque, dans des jeux de société, je
parvenais à l'embrasser, je n'imagi-
nais pas de plus grandes félicités. Je
ne lui avais pas encore parlé de mon
amour ; mais quand mes yeux ren-
contraient les siens, comme ils deve-
naient tendres et touchans ! comme ils
exprimaient les sentimens dont j'étais
pénétré !

Cependant tandis que je languissais
d'amour , un certain fat rendait à
Louise des soins assidus. C'était un
élégant avare , un militaire fluet sans
bravoure et sans consistance. Il avait
copié les ridicules de nos petits-maî-
tres, sans avoir leurs agrémens, ni les
ressources de leur esprit. Il ne parlait
que de ses chevaux , de sa meute , de
sa valeur jamais mise à l'épreuve,
de ses titres et de la considération qu'il

avait acquise partout. Il citait en confidence, mais assez haut pour être entendu, ses bonnes fortunes, les listes
des femmes avec lesquelles il avait
offert quelques sacrifices à l'amour,
et il vantait la faveur de celles qu'il
avait daigné admettre au nombre de ses
prêtresses. Il montrait avec une com-
plaisante vanité, les portraits de ses maî-
tresses, leurs cheveux tissus en gerbes
ou en chiffres : on ne lisait sur ses ta-
blettes, que les noms des marquises,
des baronnes et des comtesses : il se
pavanait pendant une heure devant
une glace, vous parlait sans vous regarder, affichait l'homme distrait,
s'éclipsait d'une compagnie au milieu
d'une phrase. Il admirait son nez
pointu qui se perdait entre deux petits
yeux éraillés, et son front rétréci,
enveloppe digne d'une cervelle inca-

pable d'aucune réflexion. Il parlait en ricanant, employait à tout propos, à tort et à travers, des phrases parasites dont il allait chaque jour, épuiser le répertoire dans vingt cercles différens ; il fatiguait tout le monde, et cependant, ô bizarrerie inexplicable ! il plaisait à Louise.

Elle se laissait aveugler par un faux empressement à lui prodiguer mille petits soins minutieux et à bourdonner sans cesse à ses oreilles, l'assurance de sa vive tendresse. Je gémissais de la voir ainsi s'égarer. Je souffrais d'autant plus de la préférence qu'elle lui accordait, que je croyais en être plus digne. Je détestais son amant ; je l'humiliais à toute heure ; j'allai même jusqu'à lui proposer un cartel qu'il refusa avec lâcheté. Depuis ce moment, je ne l'épargnai plus ; brocards, propos insolens, insultes même , j'employai tout pour l'éloigner d'une maison où je le voyais avec impatience. Je réussis à peu près, ses visites se ralentirent. D'ailleurs, il reçut ordre de rejoindre son régiment , et je me trouvai débarrassé de son importune concurrence.

A peine fut-il parti que j'essayai de dessiller les yeux de Louise et d'effacer les impressions qu'il avait faites sur son cœur. J'y parvins tellement qu'elle ne balança pas à lui écrire qu'elle regardait comme une erreur de son jument les signes de préférence qu'elle avait pu lui donner ; qu'elle en appelait de cette inconséquence à sa raison mieux éclairée , et qu'il était maître de disposer de son cœur sur lequel elle ne formait plus aucune prétention. Après l'envoi de cette lettre, je tombai aux genoux de Louise et lui fis en tremblant, l'aveu de mon amour. Elle me releva avec bonté, et m'avoua que quelque chose de plus fort qu'une simple déférence à mes conseils l'avait déterminée à rompre avec son amant ; qu'elle avait cru démêler dans mes sentimens plus de solidité et de franchise ; que mes soins ne lui étaient pas désagréables ; qu'elle desirait que le plaisir que mon inclination lui causait, fut partagé par sa mère. Je fis part à cette dame, de mes vues et de la réponse de sa fille, et au bout d'un au, Louise fut ma femme.

Les premières années de mon mariage ont laissé dans ma mémoire, une impression ineffaçable. Le goût de Louise pour moi augmentait tous les jours. La moindre absence que je faisais mettait l'alarme dans son cœur.

Sans cesse auprès d'elle, je ne me lassais ni de la voir, ni de l'entendre, ni de lui parler. La sensibilité de son ame était inépuisable. Jamais femme ne fit à son époux, de plus douces caresses, mais sans affectation et sans art. Le jour s'écoulait dans le charme de sa société; et chaque nuit, je croyais posséder une maîtresse nouvelle.

Il y avait trois ans que je m'enivrais à cette source de félicité, quand la mère de Louise paya le dernier tribut à la nature. Je la pleurai de bonne foi. Elle méritait mes larmes; elle conserva toujours la plus tendre amitié pour moi. Elle avait des lumières au-dessus de son sexe. Elle fut long-tems belle et sensible.

Louise aimait Paris; nous résolûmes de nous y fixer. Mes affaires

étant

étant réglées, nous partîmes pour la
capitale. A notre arrivée, nous prî-
mes un appartement au Palais-royal,
et nous continuâmes de vivre dans une
union parfaite. Tous nos momens
étaient marqués par de nouveaux plaisirs. Un souper fin et délicat était suivi
d'une nuit douce et heureuse. J'ins-
pirai à ma femme du goût pour la lecture ; je mis à sa portée la philosophie
de Condillac. Nous faisions succéder
à ce profond métaphysicien, le tendre
et élégant Racine, l'incorrect et ma-
jestueux Corneille. Je n'avais plus
rien à desirer ; je possédais un trésor
sans prix : mais le bonheur est-il du-
rable ? hélas ! non. Envain Sulzer,
Formey, Helvétius et Haller veuil-
lent-ils nous en montrer la jouissance
facile ; on admire la façade brillante
de son temple et l'attrait qui invite à

y entrer, et on peut à peine en toucher le seuil.

Nous jouissions en paix de cette heureuse situation, lorsqu'un homme infernal vint apporter la désolation et la ruine dans notre ménage. Il avait cette fleur d'esprit qui en impose aux sots ; il se présentait avec hardiesse ; et sous un extérieur assez agréable, il cachait l'ame atroce d'un scélérat. Différens prétextes l'amenèrent chez moi. Je le reçus avec la politesse ordinaire aux gens bien nés. Il eut bientôt captivé ma confiance au point de prendre le titre d'ami de la maison et d'agir en conséquence. Ma femme était prête d'accoucher ; il s'offrit de nommer l'enfaut. J'acceptai sa proposition. Cette conjoncture servit à resserrer les liens qui nous unissaient. Je connaissais peu Paris ; il mettait

une complaisance infinie à me conduire
dans tous les endroits les plus propres
à piquer ma curiosité et à m'amuser.
Un jour, il me fit entrer dans une
académie de jeux. Ce ne fut qu'avec
une répugnance extrême que je me lais-
sai aller à y devenir acteur. Mon ami
m'entraîna. La fortune me favorisa
d'abord ; et ce succès m'éblouit tellement que je retournai dans ce tripot.
Je contractai tellement l'habitude de
jouer, malgré les revers qui se succé-
dèrent, que j'engageai mes propriétés,
celles de ma femme et même au-delà.

Je reconnus, mais trop tard, que
cet infâme qui se disait mon ami, était
d'intelligence avec ceux qui jouaient
contre moi. Je m'apperçûs enfin de sa
trahison, mais n'ayant pu maîtriser
mon emportement, j'éclatai en mena-
ces contre le perfide ; et comme il était
noté à la police pour d'autres escro-

queries, il prit le parti de passer en Angleterre où il se fit rédacteur d'une feuille française connue sous le nom de Courier de l'Europe.

Ma femme fut si allarmée, lorsque je lui appris mon désastre et le sien, qu'elle tomba évanouie. Je croyais la perdre à chaque instant. Elle revint peu à peu; jettant sur moi un œil de langueur, elle me dit d'une voix faible : Je suis peut-être trop sensible à la perte de notre fortune. Tu sais combien je desirais d'être mère ; j'adressais, pour cela, les vœux les plus ardens au ciel. Il a paru m'exaucer, puisque je porte dans mes flancs, un gage de sa bonté pour nous. Je me proposais de rendre bien heureux ce cher fruit de notre amour : c'était mon espoir le plus doux. Ce n'est point sur mon sort que je pleure; c'est sur le

sien. Ce cher enfant devait naître dans
la prospérité, il naîtra dans la misère;
il aurait aimé ses parens, hélas! peut-
être nous maudira-t-il. O mon ami!
cette idée me fait horreur. Ma femme
parlait encore que six hommes entrent
pour m'arrêter en vertu d'une sentence
obtenue par mes créanciers. Ils me
prennent au collet et m'ordonnent de
les suivre. Je refuse ; ils me font violence. Ma femme, comme un lion, se
met entr'eux et moi, et s'efforce de
me défendre. Voyant que la résistance
était vaine, elle se jette en travers de
la porte et leur dit d'une voix déchi-
rante: Tigres impitoyables! qui n'avez
égard ni à mes larmes, ni à ma faiblesse, aurez-vous la barbarie de me
fouler aux pieds, de marcher sur mon
corps? songez qu'il renferme une créature innocente et sans défense. Quoi!

H iij

bourreaux ! rien ne saurait suspendre la marche de votre affreux ministère !.. Ils ne firent aucune attention à la situation douloureuse de cette infortunée, m'entraînèrent sur elle, et marchèrent sur son corps. Elle poussa un cri horrible, s'évanouit ; et l'on me conduisit au Fort-l'Evêque.

Que devins-je, quand je me trouvai dans ce repaire de malfaiteurs, au milieu d'une troupe maligne et crapuleuse ? L'idée de voir ma femme dans la douleur et la misère me poignardait. Malheureux ! m'écriais-je, ce sont les imprudences qui t'ont précipité dans l'opprobre de l'indigence. Quelle main s'offrira pour t'en retirer ? Personne; non personne. N'as-tu pas mérité les humiliations et les chagrins qui t'abreuvent ? Mais ta vertueuse compagne, qu'a-t-elle fait au ciel pour être enveloppée dans ta disgrace ? Ingrat ! c'est toi qui l'as plongée dans une mer de douleurs, dans la mendicité et le désespoir ; et malgré ton ingratitude, a-t-elle cessé un instant de t'aimer et de t'en donner des preuves ? Epoux inhumain, cœur sans délicatesse, vois ton ouvrage ; ta femme terrassée, le fruit de ton amour recevant une existence prématurée ; la mère et l'enfant abandonnés, invoquant les secours, la commisération de l'être sensible ; effréné joueur, contemple ce spectacle, tu en es le barbare auteur. Cette pensée me pénétrait d'horreur contre moi-même, glaçait mon sang, je tombais dans le délire ou évanoui. A mon réveil, je me trouvais entouré d'une troupe de bandits qui insultaient à mon malheur, et rendaient plus vif le sentiment de ma dégradation.

A toute heure du jour et de la nuit, l'image idolatrée de Louise me suivait. Je la voyais sur les murs de ma prison, étendue sur mon grabat ; et la pressais contre mon cœur. Dans mes songes douloureux, elle m'apparaissait tantôt jeune et belle, tantôt échévelée, jettant de grands cris et dans le désordre affligeant d'une femme qui défend la liberté de son époux. Je pleurais continuellement... je prononçais le nom de mon épouse d'une voix entrecoupée par les sanglots. O Louise ! ma Louise ! m'écriais-je en levant les mains au ciel, dans quel état misérable t'ai-je réduite ?..

J'étais plongé dans cette douleur profonde, lorsqu'un homme hardi dont je partageais le lit de camp, me proposa des moyens pour sortir de prison. Il commença l'ouverture qu'il m'en fit, par me raconter son histoire, elle mérite d'être connue; la voici en peu de mots, pour ne pas trop m'écarter de la mienne.

Je suis fils du portier de monsieur de B***, évêque d'Uz***, la chronique me fait descendre du prédécesseur de ce prélat. Quoiqu'il en soit, mes deux pères, portier ou évêque, n'importe, opinèrent de me donner le petit-collet; monseigneur lui-même me couronna de la tonsure et me conféra le titre de son porte-crosse. Ma faveur m'avait fait des envieux; et quelques épigrammes que la causticité ecclésiastique s'empressa de semer sur mon passage, m'apprirent aisément à quoi j'en étais redevable. Je parus ne pas comprendre le sens des sarcasmes dirigés pour me ridiculiser. Je me persuadai que je forcerais la jalousie à se taire, en m'emparant exclusivement de la confiance de sa Grandeur; j'y réussis complettement. J'eus le plaisir de voir mes détracteurs ramper bassement devant moi; et si la vengeance eût eu des attraits pour mon cœur, j'eusse pu la satisfaire. Content des témoignages d'affection que me prodiguait mon protecteur, je dédaignai d'abuser de mon crédit, et ne songeai qu'à l'affermir.

Je m'étais si bien insinué dans l'esprit de mon patron que mes services lui étaient devenus nécessaires. Pour m'attacher inséparablement à sa personne, il avait résolu de me conférer le premier canonicat vacant dans sa cathédrale, et tous les saints ordres, lorsque j'aurais vingt-un an accomplis. Un voyage inattendu que mon bienfaiteur ne put se dispenser de faire à une

de ses abbayes, et où je le suivis, suffit
pour déranger tous ces beaux projets
et renverser toutes mes espérances.

Je n'essaierai pas de décrire la campagne où je rencontrai tout à la fois
le comble de l'humaine félicité et des
disgraces. Bâtie sur un riant côteau, à
deux milles environ de Beziers, la
manse abbatiale dominait tous les vi-
gnobles qui s'étendent à l'occident,
sur la colline opposée, et l'habitation
des religieux Bernardins située au bout
des jardins de l'abbé commandataire.
Leur maison construite dans le genre
moderne le disputait en magnificence
au palais d'un prince, mais elle était
enfouie sous les terrasses du verger
de l'abbé qui en était à peine éloigné de
dix pas ; et ce voisinage incommode formait le point d'un procès considérable.
Au moyen de certains titres trouvés

dans leurs archives, les religieux prétendaient prouver que les deux tiers de ce terrain leur appartenait, et l'applanir. Monsieur l'abbé, avant de parvenir à l'épiscopat, avait passé dix étés dans cette charmante retraite où il aimait à se délasser des fatigues de la capitale. Les sollicitudes pastorales lui avaient fait négliger ensuite ce délicieux séjour; mais avec quelle douce reminiscence sa pensée se reportait sur les jouissances multipliées qu'il avait puisées dans la benigne influence d'un air pur, du repos et d'un tempérament dans sa première vigueur! La déclaration de guerre des moines avait enflammé le courroux du prélat; il avait juré de manger cinq années de son revenu plutôt que de leur céder un pouce de terre.

Un seul concierge avec sa fille, qu'on

qu'on me dit ensuite être ma propre sœur, habitait ce vaste château. En y entrant, je ne sais pourquoi, mon cœur tressaillit. Le premier objet qui frappe mes regards, c'est Denise; André, son vieux père, accourt d'un pas mal assuré; il salue monseigneur; il m'adresse la parole, et je ne vois que sa fille. O dieu! que Denise est intéressante et belle! Combien ses yeux sont perçans, ses joues vermeilles, ses grâces séduisantes! Eut-on jamais un souris plus gracieux, une bouche plus petite, un pied plus mignon, une taille mieux prise, un port plus noble, un ensemble plus parfait? Sa longue chevelure flotte au gré de l'air, ses pas légers effleurent à peine la terre; elle embellit, elle anime cette solitude : telle paraît au milieu des nuages, dans le silence de la nuit, l'astre de Diane. Si elle parle, le son de sa voix émeut toutes les fibres du cœur ; un rien colore son visage, fait palpiter son sein ; c'est un trésor d'innocence, de sensibilité et de candeur, elle est l'ornement de son sexe, et le chef-d'œuvre de l'humanité. Voilà Denise, c'est son vrai portrait, je l'ai peint d'après nature , l'amour l'a gravé dans mon cœur.

Le bon évêque l'apperçoit, ses mains s'étendent vers elle. Mon dieu ! s'écrie-t-il avec ravissement, la charmante fleur que tu possèdes, André ! — Elle est toute à vous, monseigneur. — Fort bien, mon ami. Mais approche, mon enfant, que j'imprime sur ton front un affectueux baiser. Denise, tremblante, me jette à la dérobée, un regard que je lui rends , présente une joue en feu ; et l'heureux

prélat y applique un baiser sonore.
Comme cela se developpe , dit - il!
les jolies mains ! en les lui prenant.
Mais regardez-moi donc , mademoi-
selle : que l'émail de ces yeux s'har-
monie bien avec le feu qui en sort!
et ce corsage , cette tournure charmante. . . Non , mon enfant , non je
ne veux pas laisser tant d'attraits dans
ce triste désert. André sur le déclin de
l'âge , a besoin de repos ; vous nous
suivrez tous deux à Paris ; et c'est
là que des maîtres habiles acheveront
l'ouvrage de la nature , en vous don-
nant , ma fille , tous les talens agréa-
bles et les connaissances utiles. Mon
séjour ici ne saurait être bien long ;
je vais employer tous les moyens
possibles pour donner le démenti à
l'imposture monacale ; et jettant sur
la table des rouleaux d'or , si je ne

puis convaincre, eh bien ! j'acheterai mes juges. En attendant notre départ, tu pourrais, l'abbé, donner à cette enfant quelques leçons de Géographie et d'Histoire de France ; qu'en dis-tu ? cela servirait à te distraire un peu de l'ennui de n'avoir pour société que de gothiques provinciaux.

Je n'avais pas sonné le mot pendant le long monologue de mon évê-que. S'il m'avait fixé, il eût vu sur mon visage, toutes les couleurs se succéder et trahir l'agitation de mon ame. Denise, que j'examinais, me parut la partager. Il était tems que sa grandeur mit fin à notre angoisse ; sa péroraison, à laquelle il était impossible de s'attendre, me soulagea d'un poids énorme et me rendit à moi - même. Je répondis, comme je pus, à l'agréable proposition de monseigneur ; il eut la bonté de prendre mon embarras pour la timidité de l'innocence, et de m'encourager dans ma mission. Il est vrai que je ne savais trop comment la remplir ; mais mon expérience égala bientôt mon amour.

Mes premières leçons furent très-surveillées ; notre protecteur les honorait de sa présence. Les visites du voisinage et les conférences avec les jurisconsultes ne tardèrent pas à remplir si bien tous ses momens qu'il fut obligé d'abandonner à leur discrétion le jeune mentor et son élève. Seul avec Denise, quel homme, à moins qu'il n'eut un cœur de bronze, eût pu commander à ses sens ! Souvent au milieu de l'explication d'un point d'histoire, un feu électrique allumait mon sang, ma langue avait peine à articuler, j'étais tremblant. En vain mon écolière s'efforçait-elle par ses questions naïves, de connaître la cause de ce qu'elle appelait mon indisposition; l'aveu était sur le bord de mes lèvres, je n'osais l'exprimer; une simple cloison séparait la pièce où nous étions, de celle où le prélat donnait ses audiences, il pouvait m'entendre, me surprendre et me punir. Le reste du jour, tout accès m'était interdit auprès de Denise; elle ne quittait plus le vieux André, et je n'étais pas moins asservi par mon patron. Je maigrissais, je me débattais dans mes chaînes, sans pouvoir les rompre; mon tourment était à son comble, lorsque le Dieu qui avait fait le mal, me fournit l'occasion de le guérir.

Dans la foule des personnages qualifiés qui affluaient à la maison abbatiale, monsieur l'évêque avait reçu avec un accueil distingué, la jeune comtesse d'Olb***. Son époux colonel dans le régiment de Royal-vaisseau n'avait pu quitter son corps sur le point de s'embarquer, et il avait relegué son aimable épouse dans une de ses terres, pour cause de jalousie ou d'écono-mie. Madame d'Olb*** n'avait pas atteint son quatrième lustre. Le feu de ses regards provoquait le desir, ses lèvres appelaient le baiser, et la forme enchanteresse des deux monti-cules qui s'échappaient de son cor-set, invitait à les palper, les caresser, à y sucer le miel de la volupté. J'ob-servai ensuite que ce qui n'était qu'un bouton naissant sur le sein virginal de Denise, était une fleur épanoui sur celui de la belle Hortense, c'était le nom de madame d'Olb***. Depuis cette nouvelle connaissance ; monsieur l'évêque me parut inappliqué, distrait et mélancolique. S'il m'adressait la parole, c'était pour se plaindre des vapeurs que lui causait l'ennui de cet affreux séjour. Je ne vois, me dit-il un jour en sortant comme d'une rêverie profonde, qu'une ou deux personnes qui pourraient bannir la fastidieuse monotonie des individus qui viennent ici nous rabacher leur antique origine, ou les usages surannés de leur tems... par exemple, la comtesse d'Olb***. On n'a pas meilleur ton, plus d'enjouement, plus de charmes... — Tout le monde est de cet avis, monseigneur, c'est celui du moins du père Hilaire... — Du père Hilaire!.. L'abbé, ces détails m'intéressent, d'où les tenez-vous? — De votre jardinier. Il a même ajouté que ce religieux jouissait auprès d'elle d'une considération infinie ; qu'il passait des semaines entières dans son château..... Monseigneur s'élance de son fauteuil et s'écrie en se meurtrissant le front des mains : Le frappart ! Voyez le bonheur courir après cette canaille, tandis qu'il me fuit...... Le reste de la journée s'écoula, sans qu'il voulut se rendre visible pour moi ni pour personne. Il se promenait dans sa chambre, à pas précipités, jurait et s'agitait comme un énergumène.

La belle comtesse parut le surlendemain chez le prélat plutôt qu'il n'était d'usage. Un jeune homme de seize à dix-huit ans, de la plus heureuse physionomie, l'accompagnait. On introduit la comtesse dans l'appartement du prélat, elle lui présente son frère et réclame en sa faveur, la protection de l'église dans laquelle il desirait entrer. Monsieur l'évêque ne fait d'abord qu'une réponse équivoque, se retranche sur son peu de crédit, et promet cependant de mettre à la recommandation de l'aimable sœur un intérêt proportionné à celui qu'elle accorderait à la demande qu'il avait à faire; et sur le champ, il propose d'aller, en attendant le dîner, goûter le plaisir de la promenade. Je m'emparai du jeune homme ; sa sœur devint le lot de sa grandeur ; et ils enfilèrent ensemble une allée dont les détours sinueux favorisaient les amoureux mystères. Je ne sais ce qui se passa entre eux dans cette séance; mais l'air épanoui et rayonnant du prélat me fit augurer que madame la comtesse s'était prêtée à le guérir de sa mysantropie. Depuis cet heureux jour, la correspondance la plus intime s'établit entre les deux maisons , et il arrivait souvent que mon évêque oubliait à revenir coucher dans la sienne.

Tête à tête avec Denise pendant ces absences , mes yeux puisaient à loisir dans les siens, le philtre le plus subtil. Les leçons continuaient , mais combien de divagations venaient s'y mêler ! Insensiblement le goût de l'étude s'amortit dans Denise ; elle me l'avoua un jour en me disant : Je suis vraiment désolée, je me sens incapable de répondre aux peines que vous vous donnez pour m'instruire. Je ne sais ce qui s'est opéré en moi ; mais il me faut me rappeler ce que je dois à mon bienfaiteur et à vous, monsieur, pour aiguillonner ma paresse. — Ah ! ne me ménagez pas ; c'est moins l'étude que le maître , qui vous inspire de l'éloignement. Vingt fois, j'hésitai à vous en demander la cause; je vous en conjure à genoux, ne refusez pas une explication que je brûle d'obtenir. Oui, j'ai eu le malheur de vous déplaire; je ne le vois que trop par le ton froid et réservé qui a succédé à la gaieté franche et ingénue de nos entretiens; parlez donc sans déguisement. — Relevez-vous, monsieur; votre attitude m'effraie autant que l'état d'agitation où je vous vois. Que dirait celui à qui nous devons la plus généreuse hospitalité, s'il vous y surprenait? Ne serait-il pas fondé à croire que vous vous éloignez de la carrière à laquelle vous êtes destiné, et que je favorise cet écart? — *Se relevant avec impetuosité:* Ah! pardon, sage Denise, je reconnais mon imprudence; mais que puis-je contre le maître impérieux, *en frappant*

*frappant son cœur ,* qui m'asservit ?
*Se jetant sur le fauteuil à côté de
Denise et se couvrant la figure de ses
deux mains :* Non, je ne suis plus à
moi; une vierge, la candeur, la beauté,
la perfection même, régne en despote
sur mon ame ; et cette aimable vainqueur, c'est... Denise. — Moi !....
— Vous-même. *La Retenant par sa
robe :* Vous m'écouterez jusqu'à la
fin; c'est de votre bouche que je veux
entendre l'arrêt qui décidera de mon
sort. Prononcez un mot; un seul mot
de vous, et me voilà le plus heureux
ou le plus malheureux des hommes.
Vos efforts sont inutiles; vous ne m'é-
chapperez point, je ne puis me con-
damner à renfermer plus longtems
le fatal secret qui me torture. Avant
mon séjour ici, je ne connaissais l'a-
mour que par les peintures hideuses

que m'en avaient tracé les maîtres char-
gés de me former. Je vous ai vue, et l'é-
chaffaudage de leur morale sévère m'a
paru le rêve de l'extravagance ou de
l'hypocrisie. Comment ces yeux, l'image du ciel dans sa sérénité, ce front où
est empreinte la majesté du créateur,
ce rare ensemble de graces et de qualités
que les hommes chérissent et admirent,
pourraient-ils n'avoir été accordés à un
sexe que pour damner l'autre? Lorsque
le zephir se joue dans les boucles on-
doyantes de votre blonde chevelure; lorsque votre sein palpitant de plaisir ou de peine repousse le shall qui
le contient; lorsque les doux accens de
votre voix se font entendre... j'éprouve une une émotîon, une ivresse inef-
fable, mon cœur s'élance vers le votre, le desir ouvre mes lèvres, calcine
mon sang, je ne me possède plus. ..

Qu'ai-je dit, grand dieu ! je fais couler
vos larmes, moi qui voudrais acheter
votre bonheur au prix du mien, de
ma vie même. — Ah ! s'il est vrai,
pourquoi m'humilier à ce point que
de me forcer à recevoir des aveux
que je ne puis entendre, et que vous
ne pouvez me faire, sans crime ? —
Un crime ! je vous comprends. Hé
quoi ! en suis-je moins homme pour
porter sur mes habits, ces noires li-
vrées ? Je ne me suis lié encore
par aucun vœu, mais quand je le
serais, le prêtre peut-il abjurer la
nature et décliner ses loix ? J'ai cru
un moment à cette absurdité ; le ban-
deau était sur mes yeux, votre présence l'a déchiré. — Que prétendez-
vous, monsieur ? m'associer à vos in-
conséquences, me faire adopter une
doctrine aussi contraire aux bonnes

mœurs qu'au respect dû aux vertus des minístres de la religion? — J'ai partagé votre crédulité, mes yeux voient chaque jour que leurs actions démentent leur morale; cependant je leur pardonne de céder à l'attrait invincible qui entraîne un sexe vers l'autre, mais je ne puis excuser leur intolérance pour cette faiblesse naturelle; les plus sévères sur ce point sont souvent en effet les plus hypocrites et les plus vicieux. — Vous avez un pied dans le sanctuaire, et c'est ainsi que vous raisonnez; c'est cet esprit que vous y portez! Ne me retenez pas davantage, ne me forcez plus à entendre des discours qui outragent toutes les bienséances, et qui me persuaderaient que vous renoncez à suivre la carrière dans laquelle vous êtes entré. — Cruelle Denise! votre inflexibilité aigrit mon désespoir. Puis-je opter entre la misère ou la fortune, entre la disgrace ou la faveur du prélat qui me tient lieu de tout? Sans lui, orphelin et obscur, je traînerais ma jeunesse dans l'abandon et l'indigence. — Elle est préférable à la perte de sa propre estime, et au danger d'agir contre sa conscience. — Mon sort est entre vos mains; accueillez mon amour, et j'ose tout sacrifier; faveur, richesses, considération, je renonce à tout pour le cœur et la main de l'adorable Denise; avec elle, le pain que j'aurai gagné à la sueur de mon front, l'humble chaumière où je goûterai un paisible sommeil à ses côtés, me paraissent mille fois préférables aux soucis importuns qui s'asseoient à table avec les grands, et qui se couchent avec eux sur le duvet. — Pauvre jeune homme! je plains l'activité de votre imagination ; mais ce que vous me demandez est impossible. — Impossible ! mon arrêt est prononcé : je serai prêtre ; l'image de Denise m'accompagnera sur l'autel, me distraira dans les plus augustes cérémonies ; je me complairai dans le sentiment qui aura pour objet l'idole mon cœur ; je m'abandonnerai aux regrets et à la douleur de ma destinée, je maudirai les liens que je ne saurais rompre ; le fanatisme secouera sur moi ses torches envenimées ; mon malheur présent sera le précurseur de celui que l'éternité me prépare... Hommes dénaturés, voilà l'horrible perspective que vous ouvrez à l'être qui se livre franchement à l'instinct de la nature. Inutilement avec vos lois insensées, vous prétendez en comprimer le ressort, il reprend tôt ou tard son élasticité; et un jour viendra sans doute où les préjugés tyranniques des Théologiens seront anéantis par la proclamation solemnelle du droit qu'a tout homme de prendre une compagne et de reproduire son espèce. — En attendant, il faut se soumettre à l'ordre établi; l'intervertir serait regardé dans un particulier, comme un trait de délire ou de révolte. — Soit. Mais qu'ils viennent donc les barbares; voilà mon cœur, qu'ils l'arrachent tout sanglant; qu'ils en fassent la pâture d'animaux aussi féroces qu'eux...

Exaspéré au dernier degré par les obstacles qui traversent son amour, sa tête se dérange, il jure de ne jamais appartenir à l'église; un de ses viscères se rompt par la fermentation extrême de ses esprits; et le malheureux jeune homme tombe, baigné dans son sang. Denise jette un cri d'effroi, et tombe évanouie, à côté de son amant. Un domestique, le seul resté au château, accourt. Un ruisseau de sang, deux corps étendus sur le parquet, des habits en lambeaux, frappent ses yeux; il s'arrête, sonne le concierge, qui arrive, s'écrie douloureusement et roule sur le corps de sa fille. Ce choc la réveille; elle se dégage de dessous son père, lui fait respirer du vinaigre, tandis que le domestique entreprend de secourir l'abbé. Le bon André a repris ses sens, adresse à sa fille des questions qu'elle élude, en attribuant l'état du jeune homme à un coup de sang, et le sien au saisissement de cet événement. On envoie chercher le chirurgien du lieu; les symptômes n'ont rien d'alarmant; la faiblesse du malade provient de son hémorragie qu'on arrête ; mais quinze jours s'écoulent avant que sa tête repronne son équilibre. Pendant toute cette crise, l'aimable Denise dévorée d'inquiétude se reproche d'avoir exposé la vie de son amant par un excès de rigueur. Obligée de renfermer en elle-même le feu qui la consume , ses joues si vermeilles se-décolorent, une sombre mélancolie mine sa sauté ; le malheureux André s'efforce envain de remonter à la source de ses ses peines ; son secret est impénétrable. Ce vieillard affligé appelle la mort sur sa tête et demande au ciel la conservation de sa fille.

Monsieur l'évêque averti de la maladie de son protégé ne revint cependant que deux jours après l'avoir apprise. Emporté par la passion, il ne calculait ni le tems, ni la décence, ni

le danger. La comtesse paraissait tellement dévouée à ses volontés qu'elle l'em-
portait sur lui en imprudence. Au lieu
de ménager le père Hilaire, elle l'a-
vait écarté brusquement. Le moine fu-
rieux jura de se venger, et tint parole.

Les fêtes se multipliaient chez monseigneur; la belle comtesse en était
l'objet et la reine. S'imaginant que
son époux, retenu à la rade, ne pouvait venir la troubler, elle savourait
délicieusement le plaisir d'enchaîner à
son char un prince de l'église. On avait
arrangé une partie de chasse; l'évêque
en veste légère, sa maîtresse en amazone se proposaient d'y répéter les rô-
les de Vénus et d'Adonis. L'astre
du jour brillait à peine sur la haute
flèche du clocher de l'église monacale,
que le son des cors, le jappement
des chiens, le hennissement des che-

vaux, les cris des piqueurs qui ral-
lient leur meute, se répandent au loin
et vont tourmenter dans leurs alcoves,
les heureux enfans de Saint Bernard.
Les cloches pour cette fois ne sonnè-
rent pas envain les matines : le seul
père Hilaire omet de se rendre au
chœur. Perché sur le donjon de la
tour ; ses yeux étincelans cherchent
son rival et son infidelle; il les dis-
tingue au centre de la troupe. Un
coursier fringant fait briller dans ses
pétulantes caracoles, la bonne grâce
et l'adresse de l'amazone. Son amant
ébloui la contemple avec ravissement ,
et le moine avec fureur. Quel scandale,
s'écrie-t-il! un chef du clergé s'afficher
ainsi ! Je sauvais du moins les apparences ; et cet air de mystère, loin de
nuire aux charmes de nos amours, les
rendait plus piquans. O quelle jouis-

sance pour moi, si le comte, enflammé par mes avis anonymes, surprenait le galant mitré sur la bréche ! Helas ! ces beaux jours sont éclypsés pour toi, infatigable Hilaire, qui tant de fois a couronné l'autel du plaisir, de dix offrandes copieuses. Ingrate ! dis, si tu l'oses, si jamais mon ardeur eut besoin d'aiguillon ; si, malgré ta fureur libidineuse, je ne suis pas toujours sorti victorieux du combat, si ton nouvel athlète comme le père Hilaire, t'a jamais forcé, par ses coups vigoureux et redoublés, de crier *grace*, *grace*.

Sa figure en apostrophant ainsi son amante volage se teint de couleur de feu ; il se promène avec vivacité, il se retrace avec tout le prestige de l'imagination, les séances délicieuses qu'il avait passées sur le trône de l'amour, il ne peut plus commander à la fougue

de

de son tempérament, c'est un volcan prêt à vomir ses laves. Saisissant avec dépit la brûlante torche de la volupté, il la secoue et l'éteint.

Les Chasseurs jettent l'alarme parmi les hôtes des bois. Déjà l'air du triomphe a fait résonner trois fois les échos d'alentour. Un cerf atteint, terrassé, pleure, gémit, implore envain la pitié du vainqueur; il faut que la paisible et innocente bête soit immolée à la vanité barbare de l'homme. Le prélat laisse au vulgaire cette triste conquête. Assis à côté de sa déesse sur un tapis de mousse et de verdure, il serre d'une main sa taille fine, et prélude de l'autre au plaisir que Céphale goûtait dans les bras de l'Aurore. La comtesse n'oppose à ses lutineries, que la résistance qu'il faut pour irriter ses desirs. Que signifie, s'écrie-t-il,

I. L

cette mine boudeuse et revêche ? Il te sied bien, coquine, de jouer la prude ici où tout ce qui respire aime, se provoque à l'amour par de voluptueux transports, et soulage par la jouissance l'ardeur qui le consume. Imitons les heureux habitans de ces bocages ; que nos ames confondues s'abyment dans les délices ; que l'élixir de la volupté coule à flots dans ce brûlant calice ; il y porte un doigt mutin, ses baisers picorent le miel de ses lèvres, les boutons de roses de son sein. La comtesse s'abandonne à l'embrasement de ses sens, ses yeux luxurieux sollicitent le trait qui doit la percer ; il sort radieux, elle s'en saisit, son chevalier s'élance. Meurs avec ton complice sacrilège, épouse adultère, s'écrie une voix terrible. Deux coups de pistolets se font entendre. Un des chasseurs, acharné à suivre une pièce de gibier, accourt au cri d'une voix gé-missante, et apperçoit, spectacle af-freux ! l'amant sans vie sur le corps sanglant de son amante. Elle tient encore à l'existence par un fil ; et croyant que la main qui l'approche est celle de son assassin : — époux homicide, j'ai mé-rité mon sort, achève de m'ôter le soufle qui me reste ; mais quels re-proches n'as-tu pas à te faire d'avoir abandonné ma jeunesse à son inexpé-rience ? . . Sa voix s'éteint en pronon-çant ces mots, et elle expire. C'est ainsi que le crêpe funébre de la mort rem-placé tout à coup les trophées du plai-sir, et qu'à la joie la plus bruyante, succèdent un morne silence et un deuil général, car abstraction faite de leurs écarts, personne n'eut un cœur plus droit, plus généreux, plus sensible

que l'évêque ; et la jeune comtesse ado-
rée de ses vassaux et de ses domesti-
ques excitait le regret de tout le monde ; le moine lui-même, premier auteur de cette cruelle tragédie, ne put
lui refuser des larmes.

On se hâta de transporter les deux
cadavres dans les lieux qui devaient
leur accorder la sépulture. Afin de
sauver aux deux familles un éclat scandaleux de la part de la justice, il fut
convenu de publier que la mort de ces
victimes de la jalousie était l'effet trop
ordinaire des parties de chasse, et
qu'on ne connaissait nullement le cou-
pable. Le malheureux abbé était dans
les premiers jours de sa convalescence,
lorsque cette triste nouvelle vint le
replonger à deux doigts du tombeau.
Denise, non moins vivement affectée,
s'imagina avoir perdu un père, et le

bon André un ami. Il est vrai que le prélat leur en avait donné à tous les témoignages, et que sa mort prématurée les laissait sans ressource. L'abbé n'avait commencé à rétablir sa santé, que par l'espoir de se jetter aux genoux de son bienfaiteur, de lui avouer son penchant, et d'en obtenir la main de l'objet qui l'avait décidé. Cette catastrophe ruinait toutes ses espérances du côté de l'amour et de la fortune.

Huit jours après ce funeste accident, les feuilles publiques annoncèrent qu'à la recommandation de madame de B***, la reine avait fait nommer l'abbé de Bet*** à l'évêché d'Uz*** et à l'abbaye de son prédécesseur. Le prieur des Bernardins, qui arriva de Paris, presqu'en même tems que cette nouvelle, ajouta que le prélat actuel n'était pas tant redevable de sa dignité à son crédit, qu'aux cent mille livres de pot de vin qu'il avait comptés, et qu'en conséquence on devait s'attendre à le voir très-incessamment paraître, parce qu'ayant contracté des obligations pour solder cet énorme pot-de-vin, il viendrait sans doute mettre ses bois et ses fermiers à contribution, pour y faire honneur.

Vers la fin du mois suivant, on vit entrer un brillant équipage à la manse abbatiale, c'était monsieur de Bel***, accompagné de ses frères et de ses parens les plus qualifiés. Il s'informa avec intérêt, quelles étaient les personnes attachées au service du défunt, les reçut avec bonté, et leur assura qu'il ne changerait rien à leur condition. La renommée annonça bientôt l'arrivée du nouveau maître dans ses domaines. Ses vassaux vinrent le len-

demain en cortège lui présenter le bou-
quet d'honneur par les mains du plus
beau garçon et de la plus jolie fille du
canton, le fils du receveur et Denise.
Ils portaient une corbeille de fleurs
ornée de rubans et de devises. Afin de
donner à la réception plus de pompe
et moins de gêne, monseigneur environné de sa famille, de son aumônier,
ses gens et moi, reprit le compagnon
de ma captivité, se rendit au jardin.
Je n'étais pas encore parfaitement ré-
tabli, mais je ne voulus pas laisser
échapper l'occasion de faire ma cour à
sa grandeur. Bientôt l'allée au fond de
laquelle elle était, fut remplie d'une
foule de villageois en habits de fête et
et dans l'ordre le plus décent. Ce spectacle était réellement solemnel, et la
vanité épiscopale dut être très-flattée
des hommages de ces bonnes gens. Le

jeune homme débita un petit compli-
ment bien tourné. Denise fit le sien
avec tant de grâces, l'incarnat de la
pudeur qui colorait ses joues lui donnait tant de charmes, le son de sa voix
était si doux, son maintien si noble,
qu'elle ravit en sa faveur tous les suf-
frages. Le prélat leur fit une réponse
où il promit toute sa bienveillance,
invita un si beau couple à se lier
par la chaîne de l'hymenée et à lui four-
nir l'occasion de leur être utile. Ces
offres ne furent reçues qu'avec une sa-
lutation respectueuse ; mais quel serre-
ment de cœur, quelle impression dé-
sagréable j'en ressentis ! Ce fut bien
pire, lorsque l'évêque se tournant vers
moi après le départ du cortège, me
demanda lestement si je connaissais la
belle enfant qui l'avait harangué avec
une aisance et un accent agréable qu'il

ne soupçonnait pas rencontrer dans ce désert. Il ne put dissimuler sa joie, en apprenant qu'elle était la fille de son concierge. L'évêque ajouta que cette jeune personne lui paraissait sage et bien élevée, qu'il avait besoin d'une femme de charge, qu'il l'emmenerait à Paris en cette qualité ; et il m'ordonna d'en prévenir son père.

Je m'empressai de communiquer à André les intentions de monseigneur. Le Vieillard connaissait trop bien l'esprit inflexible et impérieux des gens d'église pour résister ; mais à son air triste et chagrin, je jugeai que cet arrangement ne flattait pas son goût. Sa fille, dont je cherchais à pénétrer la pensée, me parut disposée à lui obéir Jusqu'alors, le nouveau maître ne s'était point expliqué à mon égard. Impatient de savoir comment

on avait reçu mon message, le prélat
me fit appeler, le même soir, dans
son cabinet. Je caressai son amour-
propre, croyant, par ce moyen, m'insi-
nuer dans ses bonnes graces, et
rendre ma condition meilleure. Quel
coup foudroyant pour moi, lorsque
mon rival, monsieur de B***, me si-
gnifia de me disposer à partir le len-
demain pour le séminaire d'Uz*** où
son intendant avait ordre de me conduire. Il ajouta qu'il se fesait un scru-
pule de remplir les intentions de son
prédécesseur, et que si j'y répondais,
il m'assurerait un sort indépendant et
heureux. Tout mon sang s'était retiré
vers mon cœur ; suffoqué, j'eus à peine le courage de lui exprimer ma reconnaissance. Après ce court entretien,
il m'offrit une bourse garnie de vingt-
cinq louis, et me congédia. Je volai

chez André dans l'espoir de lui apprendre, ou plutôt à Denise, mon éloignement et ma résolution de mourir plutôt que de violer jamais le serment de ne vivre que pour l'aimer : on l'avait envoyée à la ville voisine d'où elle ne devait revenir que le soir suivant. L'artifice était trop grossier pour le méconnaître ; mais que faire dans ma position ? obéir et souffrir jusqu'à ce que la fortune me fournît le moyen de secouer le joug.

A travers la réception cordiale qu'on m'avait faite au séminaire, et les attentions marquées qu'on m'y prodiguait, je démêlais aisément qu'on surveillait exactement toutes mes démarches. Feindre me prêter sincèrement aux jongleries usitées dans ces maisons, me parut la méthode la plus sûre pour endormir la vigilance de mes noirs

Argus. Au bout de deux mois de la plus pénible contrainte, la confiance s'établit entre nous, et on cessa de m'épier comme un malfaiteur. La fièvre, effet d'un sang échauffé, vint à propos suggérer au médecin le conseil de m'envoyer à la campagne pour rétablir ma santé. Un ancien serviteur de feu mon malheureux protecteur, à qui j'avais rendu quelques services, y vivait près de là d'une pension et du fruit de ses épargnes. Le desir que je témoignai d'aller chez ce brave homme fut accueilli; j'y avais trouvé les soins empressés de la reconnaissance; il me tardait de briser totalement mes fers, de revoir ma maîtresse; je dressai mon plan, le communiquai à mon généreux hôte, refusai de me rendre à ses sages avis; je partis en poste pour Paris, et y arrivai d'un trait.

Mon

Mon évêque avait son hôtel rue de Périgord au Marais. Les ombres de la nuit vinrent enfin servir ma vive impatience ; je cours rue de Périgord, déguisé en officier ; je cherche, m'informe avec précaution de entours de Denise. Tous les témoignages s'accordent sur sa beauté, sa douceur et sa vertu ; mais elle est triste, languissante et malheureuse au sein de l'abondance, du luxe et des amusemens qu'on multiplie pour la distraire du chagrin secret qui mine sa santé. Ces détails, au lieu de calmer mon effervescence naturelle, n'étaient propres qu'à l'aigrir ; j'étais tourmenté de tout le mal que souffrait Denise, et de celui que m'avait fait un voyage entrepris avant mon rétablissement. Je résolus donc d'employer tous les expédiens, fut-ce la violence, pour voir ma maîtresse.

1. M

Les moyens de séduction n'avaient pu
même être tentés ; depuis quatre jours,
je rodais autour de l'hôtel comme un
un oiseau autour de la cage où est ren-
fermée son amie ; je rencontrais par-
tout des yeux qui s'arrêtaient sur les
miens. Je commençai alors à soup-
çonner, ce que j'eus lieu de vérifier
ensuite, que monsieur de B*** jaloux
comme l'est un débauché, d'une première jouissance, m'avait signalé à ses
gens. Il avait donné à Denise en qualité de femme subalterne, une vieille
Mégère qui éclairait toutes ses démarches : de sorte que je désespérais de
m'ouvrir un prochain accès auprès de
l'idole de mon cœur, lorsque l'église,
où tant de fois j'avais rêvé en vain mon
amour, au lieu de m'occuper des pieu-
ses momeries de ses ministres, me
fournit l'heureuse occasion de le sou-

léger, du moins un instant ; combien
cet éclair de bonheur m'a coûté de
larmes !

Pour réfléchir loin des importuns
et plus près de celle qui absorbait
toutes mes pensées, j'étais entré ma-
chinalement dans l'église des Capucins
du Marais. Adossé contre un pilier,
j'avais oublié le monde entier ; le son
d'une cloche m'apprit qu'un homme allait ordonner au créateur de l'univers
de descendre dans ses doigts. C'était
un dimanche, l'affluence des fidèles
augmentait, j'allais abandonner la
place ; je me retourne, et j'apperçois
Denise qui s'avance et s'arrête à mes
côtés. Elle avait choisi ce coin écarté
pour se dérober aux bourdonnemens
des curieux, pouvait-elle s'attendre de
me rencontrer si près ? Tandis que sa
vieille suivante s'agite pour se procu-

rer des chaises, j'offre la mienne à sa maîtresse, en prononçant son nom. Me jetter un coup d'œil, poser un doigt sur ses lèvres, s'agenouiller, fut un élan. Je lui avais tourné le dos pour éviter les yeux de l'espion qui ne put heureusement s'établir que du côté opposé. Denise, la tête baissée, poussait de longs soupirs, et j'étais si tremblant que je n'osais la fixer. Je m'enhardis enfin, je m'enivre du plaisir de la voir, nos regards se rencontrent, je lui avance la lettre que j'avais tenu prête depuis mon arrivée, un signe expressif me montre la sentinelle qui l'observe, je la cache en frémissant de rage; mais à l'instant où s'allait opérer l'heureuse métamorphose du pain en dieu, la vieille se prosterne, Denise restée à genoux sur sa chaise, allonge vers moi son livre de prières, et appuie fortement son doigt sur les mots suivans qu'elle y cherche çà et là : « Se trouver le soir, même che-» min, page 20. » Et à l'instant où la gardienne s'inclinait profondément pour adorer du vin devenu du sang, ma prudente amie tend la main, je lui glisse ma lettre, et mon cœur est allégé d'un poids inexprimable. Il était facile de comprendre que les mots indiqués à la hâte, *chemin*, *page*, signifiaient même rue, N°. 20. J'ignorais du reste, s'il fallait entrer dans une maison, ou seulement m'y tenir en embuscade ; ce dernier parti me parut le plus sage, je m'y arrêtai.

La journée s'écoula trop lentement au gré de mes desirs. Enfin les ombres de la nuit qui s'étendent sur l'horison m'avertissent que l'heure du berger va sonner ; je l'attens avec des palpi-

pitations qui redoublent à chaque indi-
vidu qui s'avance dans la même rue
où je fais sentinelle. J'allais à pas iné-
gaux comme un homme impatient, lorsqu'une espèce de commissionnaire me
frappe doucement sur l'épaule en me
disant : Voici un billet pour vous, li-
sez. Je lis : « Je vous attens ; suivez
» la personne qui vous remet ce mot.
» DENISE. » Au nom et à la signa-
ture que je crois reconnaître à la lumière incertaine des réverbères, je me
livre à la discrétion de l'envoyé. Il
me conduit dans un coin écarté où un
fiacre nous attendait, m'en ouvre la
portière, j'y saute sans réflexion et
me trouve en face de deux exempts de
police. Sans me donner le tems d'exprimer ma surprise : point de bruit,
monsieur, me dit-on, cela ne servirait
qu'à vous compromettre sans vous ti-

rer de nos mains. — Me compromettre, messieurs ! certes, je ne crains rien que... — Silence, monsieur, craignez tout... Au reste, nous exécutons nos ordres, vous débattrez votre cause, comme vous l'entendrez, quand il sera tems. Nous allons vous donner un gîte où vous serez à l'abri, en attendant qu'il plaise à dieu ou au diable, de vous en faire changer.

Concentrant en moi-même l'indignation dont j'étais enflammé, je ne répondis rien. Nous arrivâmes bientôt dans cette prison où je suis écroué ignominieusement, comme ecclésiastique insubordonné et scandaleux. A force de prières et d'argent, on m'a permis de faire connaître ma détention à l'homme généreux qui m'avait prêté un asyle dans ma convalescence. Ce digne ami, le seul qui ne m'ait point abandonné daus mon infortune, s'est transporté ici, a employé pour m'en arracher sa bourse et le crédit de ses protecteurs, il a échoué. C'est par lui que j'ai appris que l'évêque d'Uz... averti de ma disparution par le supérieur de son séminaire, m'avait fait signaler à la police comme un mutin, et renfermer en vertu d'un decret de l'Oficialité. Ma captivité date de huit mois; il y en autant que je n'ai pu rien apprendre sur Denise; jugez si je suis inquiet et malheureux. Voilà mon histoire; ce qu'il me reste à vous dire, nous importe également, écoutez le avec attention.

Le Geolier de cette prison a une sœur extrémement jolie, de dix-huit à vingt ans, qu'on appéle Henriette. J'eus occasion de lui adresser quelques mots flatteurs à la dérobée, en allant et venant. Soit sympathie, soit humanité pure, elle me temoigna un intérêt si vif que je n'ai pas balancé à lui raconter brièvement mon histoire; elle y donna des larmes que j'eus lieu de croire sincères d'après ce qu'elle me dit deux jours après ma confidence. « Je ne vous ai point perdu de vue. Souvenez-vous que le vingt-cinq de ce mois est la Saint Louis, fête de mon frère. Tenez-vous prêt à deux heures du matin avec un de vos camarades bien décidé ; je disposerai tout pour votre évasion ; mais, comme au milieu de ceci, il faut sauver la place de mon frère, il s'agit d'emmuseler les dogues, de briser la porte, d'affronter la sentinelle... Voià un louis pour vous mettre demain à la pistole ; prenez, cela est absolument nécessaire pour avoir la petite chambre vacante très-avantageusement située.

Adieu, mon ami, du courage, je me charge du reste. » C'est demain que doivent se réaliser les promesses de l'aimable Henriette ; chaque fois qu'elle m'a rencontré depuis ; c'est bientôt, m'a-t-elle répété. Mon cœur, mon cher Billette, vous a désigné pour second dans cette nuit qui doit décider de notre liberté ; êtes-vous disposé à tout oser, tout entreprendre ? — Oui, mon ami, à mourir s'il le faut. Nous nous embrassâmes et attendîmes, non sans inquiétude, l'heure desirée.

Chaque soir, le geolier fermait sur nous une énorme porte lardée de ferrures, et assez souvent, nous honorait de sa visite, de minuit à 2 heures du matin, escorté de ses chiens et de deux fusiliers. Sa fête ne l'empêcha pas de faire sa ronde, mais plus tôt qu'à l'ordinaire. Les serrures et les verroux roulant avec fracas nous font frémir, par l'impossibilité de les briser. Cependant mon ami m'observe que le concierge et ses deux hommes sont à demi ivres; que notre libératrice attendait sans doute le retour de son frère pour arranger notre fuite. Nous étions à discourir sur les probabilités, lorsqu'un bruit léger nous fait retenir le soufle de notre haleine; on ouvre la porte; c'est Henriette munie de leviers, de crochets, de fortes tenailles et autres instrumens d'effraction. Brisez les fermetures ici et là bas, nous dit-elle, tout le corps de garde cuve son vin sur le lit de camp, les sentinelles en dedans et en dehors ronflent à côté de leurs fusils, bâillonnez l'un et l'autre, forcez les portes en un seul tems, laissez vos outils à la dernière, afin de servir de pièces justificatives pour mon frère et le poste, puis fuiez comme le vent. Je n'aurai pas un goûte de sang en circulation, tant que je ne vous saurai pas hors de danger. Nous nous jettâmes à ses pieds, lui protestâmes que nous ne voulions pas recouvrer la liberté en exposant la sienne. — Point de replique, mes amis. Si vous étiez des malfaiteurs, loin de favoriser votre évasion, je vous livrerais moi-même au glaive de la loi. Mais le tems presse, ne le consumez pas envain ; et elle se retire avec précipitation.

Nous nous mettons à l'œuvre ; tout réussit au gré de nos desirs, nous voilà dans la rue Saint-Germain l'Auxerrois. Nous allions enfiler l'Arche-Marion, lorsque nous appercevons à vingt pas de nous, le Guet à cheval. La peur nous saisit, nous sépare ; j'emporterai au tombeau, le regret de n'avoir pu serrer contre mon cœur mon ancien camarade et sa généreuse amie.

*Fin du Tome premier.*